文化广西

遗存

广西古建筑

谢小英 熊伟 韦浥春 韦玉姣 著

广西科学技术出版社

图书在版编目（CIP）数据

广西古建筑 / 谢小英等著．—南宁：广西科学技术出版社，2021.6
（文化广西）
ISBN 978-7-5551-1585-4

Ⅰ．①广… Ⅱ．①谢… Ⅲ．①古建筑—介绍—广西 Ⅳ．① K928.716.7

中国版本图书馆 CIP 数据核字（2021）第 086923 号

出 版 人 卢培钊
出版统筹 郭玉婷
设计统筹 姚明聚
印制统筹 罗梦来
责任编辑 方振发 程 思
责任校对 阁世景
美术编辑 韦娇林
责任印制 陆 弟
书籍设计 姚明聚 徐俊霞 刘瑞锋 唐 峰 魏立轩

出　　版 广西科学技术出版社
广西南宁市东葛路 66 号　邮政编码 530023
网　　址 http：//www.gxkjs.com
发行电话 0771-5842790
印　　装 广西壮族自治区地质印刷厂
开　　本 1230 mm × 880 mm　1/32
印　　张 6.5
字　　数 134 千字
版　　次 2021 年 6 月第 1 版　2021 年 6 月第 1 次印刷
书　　号 ISBN 978-7-5551-1585-4
定　　价 28.00 元

前　言

广西山地、丘陵广布，河流众多，山地、河流的分割使广西形成了许多大小不同的自然区域。这些区域在历史早期相对独立发展，没有形成统一的社会、文化，其聚落总体表现为“大分散、小聚合”的区域分布格局。

进入青铜时代后，“大分散、小聚合”的区域分布格局随着西瓯和骆越的形成逐渐合并为东、西两大部分。公元前214年，秦始皇统一岭南。秦灭亡后，其大将赵佗雄踞岭南，建立南越国，推行“和辑百越”的民族政策，使汉族与少数民族的交流日增，文化、习俗、工艺进一步融合。

公元前111年，汉武帝平定南越国，设南海、苍梧、郁林、合浦、交趾、九真、日南、珠崖、儋耳九郡，建设了一批城池和屯兵之所。这些城池和屯兵之所主要分布于今桂东北和桂东南，其以政治为核心，同时逐步发展经济、文化功能，城池的形制、布局、建筑等得到不断完善。

唐宋时期，广西交通进入全新发展阶段，文化发展也上了一个新台阶，汉文化得到进一步传播；广西佛教、道教兴盛，多处宗教圣地闻名于天下。同时，壮族形成，侗族、仫佬族、毛南族等民族开始为外人所认识，瑶族、苗族等民族开始规模性地进入广西北部，大量汉族移民由北而来，使广西呈现多民族会聚、融合的局面。

在建筑上，六朝至宋元时期广西没有任何木构建筑保存下来，仅余极少量的石桥，如融水蔡邕桥、临桂于公桥、兴安社山桥等。古代文献对六朝至宋元时期广西建筑的记载也是廖廖无几，仅《隋书》《旧唐书·南蛮西南蛮传》《桂海虞衡志》等有少量文字记载，涉及的建筑名称有“巢居”“干栏”“麻阑”“木巢”，这些建筑与今广西干栏式建筑基本一致。

到了明代，广西人口依然以当地人口和外来少数民族人口为主，汉族人口所占比例低，主要是军事移民和政治移民。至清代，汉族人口南迁步伐加快，形成汉族移民入桂的高峰。至此，汉族人口从点状分布演变成连片的块状分布，在桂北、桂东北、桂东、桂东南地区形成以汉族人口为主的大聚居区；在桂中、桂南地区的汉族人口呈带状分布。汉文化的辐射力度较以前增强数倍，深刻影响着周边的少数民族民众。

由于汉族移民入桂的规模巨大，再加上其政治、经济、文化上的强势，使迁出地建筑文化得以较完整地保留，并形成强大的潜流，改写了广西建筑文化的分布格局。外来建筑文化最终在广西东部成为主流，并使该区域的建筑风格逐步民系化。其中，湘赣式建筑多分布于桂北地区；广府式建筑多分布在桂东南地区，广西各地的公共建筑或多或少受广府式建筑的影响。此外，客家人主要集中在桂东南、桂中、桂东地区，其聚族而居的传统和以土为主要建材的建筑文化对周边的少数民族建筑产生了重要影响。

广西西部地形以山地、丘陵为主，人口以少数民族为主，其民居一直沿用干栏式建筑，但木构架方式南北有别，其中桂西北多用穿斗式木构架，桂西南多用大叉手木构架。土司衙署、宅第及寺庙等公共建筑多用汉族地居式建筑，其形制、木构架和装饰皆受汉族建筑的影响。

广西中部汉族人口没占压倒性优势，仅呈带状分布于水土较为肥沃的盆地和重要的交通节点，其建筑呈现或类湘赣式建筑、或类广府式建筑、或类客家建筑的特色。同时，远离带状汉族聚居区的汉族建筑也受到少数民族干栏式建筑的影响，呈现精彩的“在地化”演变过程。

综上，受地理、气候、建材和移民迁出地的影响，广西古建筑具有一定的群体特征和分布规律。其中，少数民族建筑受地理、气候、建材影响多一些，汉族建筑受移民迁出地的影响多一些。因迁出地不同，汉族建筑的平面布局、构架类型、构件样式、节点做法、外部造型、尺度规律等各不相同，并且这种差异有明显的区域分布规律，是广西古建筑的一大特色。《广西古建筑》正是将这样的特色贯穿在各类建筑的分析中，以此为线索，选择具有代表性的古建筑进行展示，以点带面，带领读者较深入地理解每座建筑的特点、价值和背后的成因。

目　录

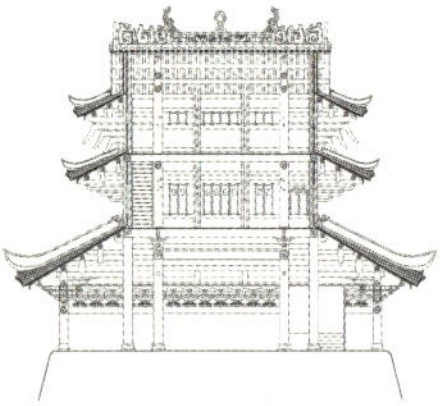

丰富多彩的民居宗祠

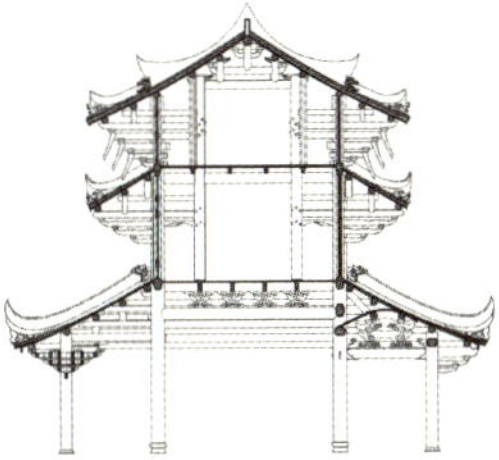

端雅肃穆的寺观祠庙

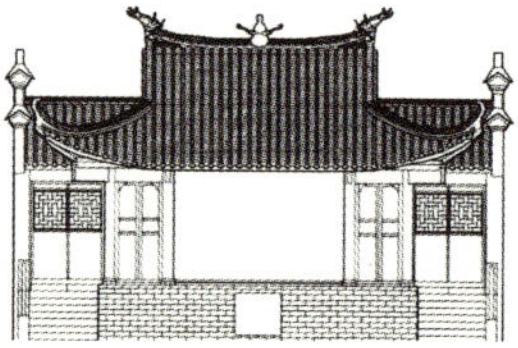

蕴藉隽永的书院会馆

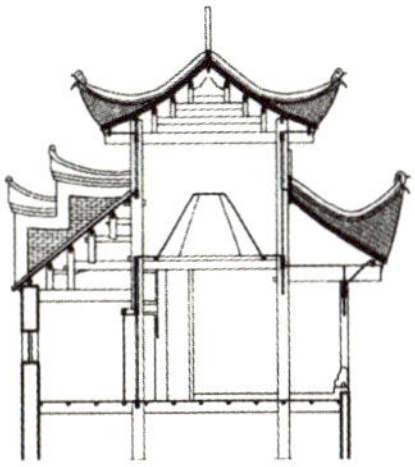

雕梁画栋的亭台楼阁

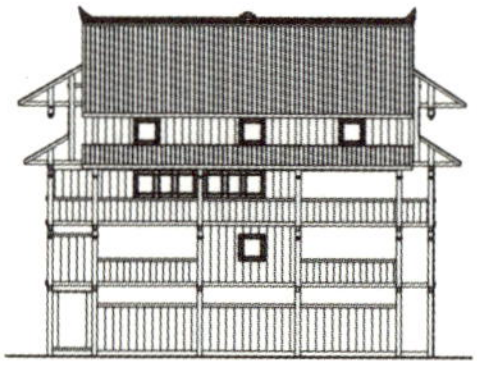

形式多样的其他建筑

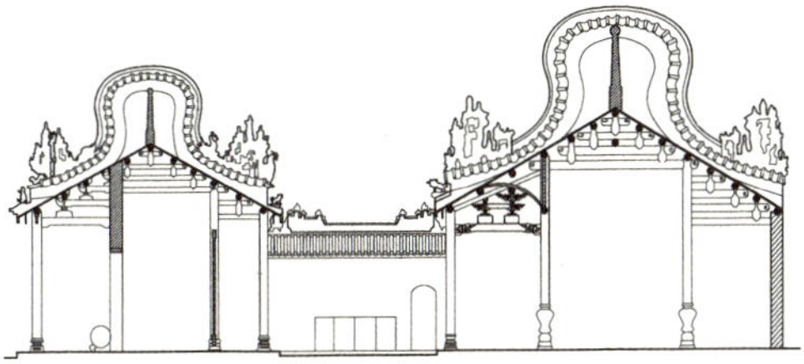

丰富多彩的民居宗祠

广西是一个多民族聚居的自治区，主要居住着壮、汉、瑶、苗、侗、仫佬、毛南、回、京、彝、水、仡佬12个世居民族。各民族因其历史文化、宗教信仰、生产方式、生活习俗、审美志趣不同而形成了特色鲜明的民族文化风格。独特的自然与人文环境，再加上持续不断的文化碰撞与交流，共同造就了形态丰富、风格多样的各族民居建筑，这是广西人民的智慧结晶，亦是各民族文化的表现与社会历史发展的见证。

广西壮族传统民居可分为干栏和地居两大类。干栏式民居因适应广西的山区地形与湿热气候特点得以保留和传承下来，并在各区域形成了各自的特点；传统的地居类型在壮族聚居区主要表现为传统干栏式民居地面化形成的次生形态，而在汉文化强势的东部地区则全然接受了汉族地居建筑的模式。

广西其他世居少数民族民居具有如下整体特征：偏居山区的少数民族以干栏木构为传统民居的基本形式；在少数民族文化和汉文化交会融合的地带，逐渐衍生出干栏式民居地面化的过渡形态；在汉文化占主流的区域，则出现了完全汉化的地居形态。

广西汉族民居体现广府式民居、湘赣式民居和客家民居的特色，同时也反映出一定的地域特点。

龙胜龙脊廖宅

（壮族民居）

廖宅（廖仕隆宅）位于桂林市龙胜各族自治县龙脊镇龙脊村，距县城 22 千米。

廖宅属于典型的壮族干栏式民居，始建于清同治至光绪年间，距今有 150 余年历史。廖宅面阔六开间（其中一间为后来加建），进深五开间。由于桂北山区冬季寒冷，民居的立面封闭性较强，民居首层架空，但四面均用木板封闭，内部不设隔墙，仅用半高的栅栏围出鸡、鸭、猪、牛圈。廖宅采用正面侧入的方式入户，楼梯设在正面东侧。楼梯上端入户处设三面围合的门楼，门楼做退堂处理，形成一个明显的凹入门洞。第二层是典型的前堂后室格局，以竖板拼接的屏风门为主要维护结构，每开间 2 ～ 3 扇。室内空间轴线明确，以中心为尊的礼制观念表现较明显。火塘间位于堂屋两侧，西侧供老人使用，东侧供年轻人使用。火塘间外侧的梢间一般堆放杂物或设置煮牲畜饲料的灶台，梢间上设批厦遮蔽。堂屋后部共有五间房，后墙正中处供奉祖先牌位，牌位背后的房间一般作为谷仓，不住人，以示对神灵的尊敬，其余四间房皆可做卧室。堂屋正中通高，屋顶上用明瓦采光，使得空间高敞开阔。两侧厢房上均设有阁楼，以储藏粮食和其他生产生活物品，通过可移动的木质楼梯上下楼。顶层前后檐下完全开敞，利于通风排烟，山面皆封闭。屋檐下吊瓜头雕刻为灯笼状，其他部位则朴素自然，较少装饰。

廖宅采用穿斗式结构，各柱直径有所差别，一般中柱直径大于其他落地柱。檐部用水串挑出，一般不做吊瓜，也不做吊柱。屋面有举折和升起的做法，使得屋面与屋脊线条更为柔和优美。同时，举折做法可使屋面雨水抛落更远，更好地保护木构建筑主体。

廖宅外观

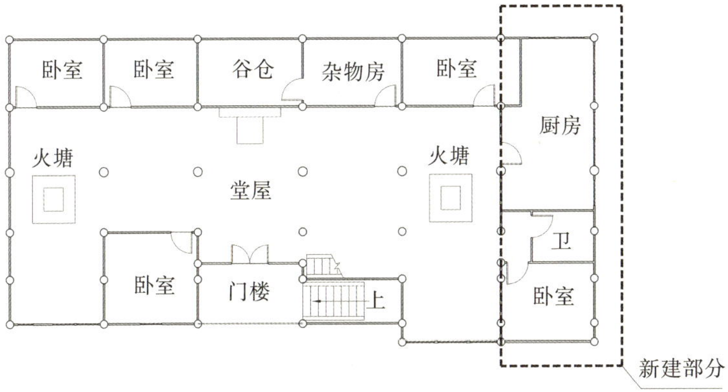

廖宅第二层平面示意图

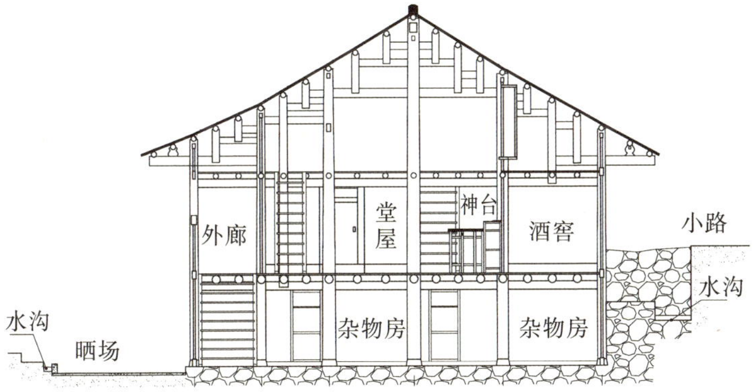

廖宅剖面示意图

那坡达文梁宅
（壮族民居）

达文屯是壮族聚居的一个屯子，位于百色市那坡县龙合镇北部大石山区的一个山弄之中，距镇政府所在地 12 千米，距离县城 42 千米。

梁宅属于典型的壮族干栏式民居，是壮族民居保存较为完整的实例之一，约建于清末民初，距今 100 余年。梁宅面阔三开间，进深七开间（约 13.5 米），进深相较于桂北龙脊地区的壮族民居要深 4 ～ 5 米，且大于面宽，因而平面为窄长方形。这与当地日照较强，采光让位于遮阳有关。梁宅首层架空，正面全开敞，无外墙围合。入户方式采用正面侧上进入第二层的前廊部分，前廊中部凹入形成退堂，东西两侧各有一个房间。第二层是主要的生活起居空间，采用前堂后室的布局。从前廊凹入处进入厅堂，该空间贯通房屋全部面宽，两侧梢间不设辅房，进深占据三开间，这是壮族家庭日常活动的主要空间。堂屋东侧设有火塘，中部和西侧则为日常待客的场所。后墙正中处设置有“天地君亲师”牌位，下摆神台。堂屋后部有三间卧室，中间一间给家中长者居住，西侧一间给男女主人居住，东侧一间是孩子的房间。

梁宅外观

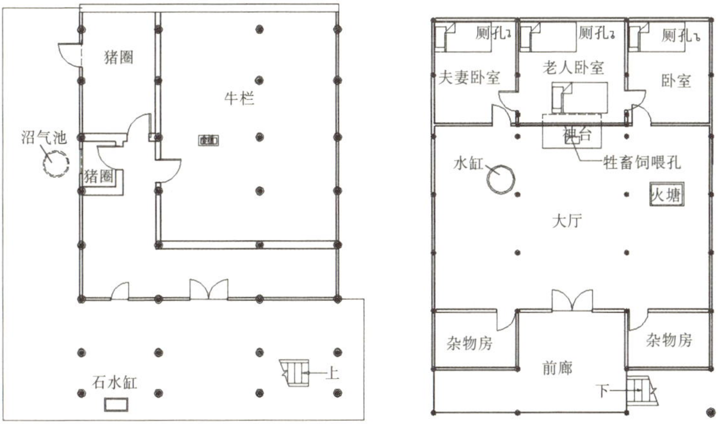

梁宅平面示意图

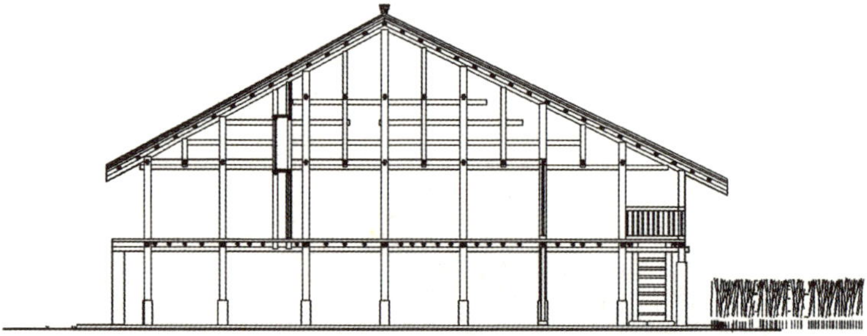

梁宅剖面示意图

梁宅的建筑构架采用满枋满瓜形式的穿斗架结合大叉手斜梁的形式，这是一种较为原始的结构形式，构架厚重，卯榫粗糙，营建技术较为落后，亦无吊瓜及吊柱等做法。檐柱直接支撑叉手斜梁，出跳深远，檐柱下部采用高柱础做法，柱础高约 1.8 米。两山面均为悬山，无批厦做法。山墙是颇具特色的木骨泥墙，即采用树枝与山面的一榀框架编造网格，再敷以黄泥、草梗干结而成，使得整座建筑古朴自然。

阳朔朗梓覃家大院
（壮族民居）

朗梓村位于桂林市阳朔县高田镇，距县城 22 千米。村落始建于清顺治年间，至今已有 360 多年的历史。据记载，朗梓村始祖为覃正尧，是今广西宜山庆远人，原为明末农民起义军领袖李自成部下的一名战将，在一次对清兵作战的战役中落败。当他路经朗梓时，看到这里土地肥沃、山清水秀，便定居下来。覃正尧有一子两孙，祖祖孙孙勤俭持家、勤奋劳作。至清咸丰年间时，覃氏家族人丁兴旺，家财万贯。于是，覃氏家族便请匠购料，扩建居所，遂有如今朗梓古建筑群的恢宏格局。

朗梓村的总体布局与建筑形态具有显著的防御性特征。村落坐落于缓坡之上，漓江支流的天然河道与沿河修建的寨墙、寨门形成第一道防线。覃家大院坐东南朝西北，前院围墙高大而厚重，与朝向东北的闸门和朝向西北的院门形成瓮城和第二道防线。祠堂、宅院的大门及层层叠叠的横屋坊门则构成第三道防线。位于东北角和西南角的炮楼统率整个大院的防御格局。

覃家大院包括一座两进祠堂、一座三进宅院及横屋，总体上形成“两路两廊一横屋”的建筑组群格局。建筑群四周绕以围墙，其角部设炮楼加以护卫，高耸、跌落的马头墙，使得外部形态呈现湘赣式民居的风格。

祠堂位于覃家大院建筑群东侧，与宅院毗连，仅一墙之隔，并无汉族阳宅要远离阴性空间的顾虑。祠堂始建于清同治年间，属覃氏的支祠。当时，以覃兆为主的几家富豪共同出资建设此座祠堂，并以其祖父的号“瑞枝”命名。瑞枝公祠坐西南朝东北，为三路二进三开间格局，中路依次布置门厅（下座）、正厅（上座）、后厅（已毁），右路（东南侧）为三座两层高的衬祠，左路（南侧）为若干段小天井形成的巷道。

祠堂门厅前的院落宽敞，绕以围墙，东侧有暗房和炮楼。暗房前设楼阁式前廊，并在墙上预留伏击枪眼以增强防卫。院落内地坪高出围墙外路面。门厅面阔三开间，进深三开间，抬梁式木构架。门厅外墙上沿施以彩色画幅式墙楣画，分别绘制了乌鸭戏水、春燕衔泥、渔翁钓鲤等小品纹样。内墙博脊墙楣画下则饰有蝙蝠灰塑浮雕。正厅面阔三开间，进深三开间。前金柱与前檐柱间设鹤颈轩，明间梁架则为抬梁式。正厅后墙正中设祭台、牌位，两次间后墙各开一门通往后厅。后厅已被火焚毁，仅余台基。右路的衬祠皆为两层，这在祠堂建筑中是比较少见的，其木格扇、木窗、木栏杆均有精美的镂花。东北侧（门厅右侧）的衬祠通过向前伸出的楼阁式暗房与炮楼相接，并在外墙上设枪眼，具有防御意义。据此可以推测，右路的衬祠在特殊时期曾作为防卫、宿兵之用，故采用了不同于一般祠堂的两层楼阁式。左路不另设衬祠或厢房，而是由一连串天井形成巷道，可直通后厅，亦可连通西侧的宅院。

覃家大院

覃家大院正厅及院落

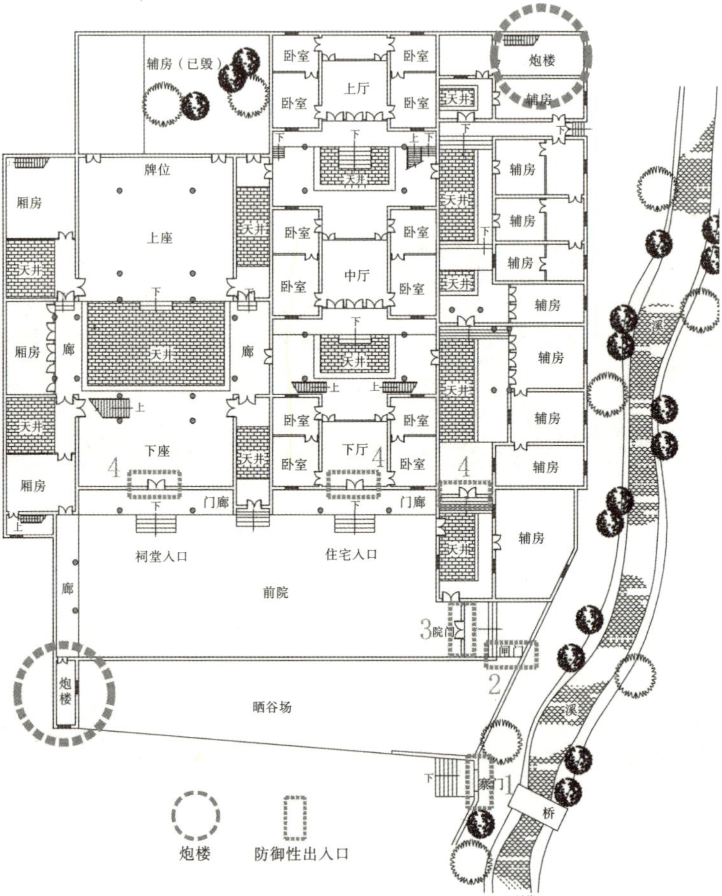

● 覃家大院平面及其防御布局示意图

中路的宅院为三进三开间格局，每一进厅堂的布局、尺度都相近，西侧横屋与主体之间隔以厝巷式的纵向天井，并可直通前院。横屋与主体建筑的天井均可连通，方便使用与联系。

邕宁北觥颜宅
（壮族民居）

北觥村坐落于邕江江畔，距南宁市邕宁区蒲庙镇约3千米。村内现存较多清代古民居，这些民居具有较典型的广府式民居风格。颜氏古宅是其中工艺最为精湛、保护得较好的一组。屋主颜崇魁，字春宇，按颜氏族谱和碑文记载："春宇，是北觥颜氏家族第十三代人，官至五品，适光绪甲申乙酉之交，法寇侵扰安南，公应镇南关苏帅元春之聘，参赞戎机，运筹决策，卓著勤劳，后钦功蒙保授五品蓝翎同知职衔，族内常称其三老爷。"颜崇魁退役回乡以后，适逢"丙申岁，饿殍载道，目不忍睹"，怀有慈悲之心的颜崇魁"倡设紫云善堂，施米施粥，得救济而庆再生者以千万计"。另外，还"置枪械，集团练，协同官府勇剿"当地土匪盗贼，并"于蒲市"倡议捐资办学，在当时，他的事迹有口皆碑。古宅为颜崇魁解甲归田后按照当地传统建筑形式所修建。

颜宅坐西北朝东南，两座并列布置，中间以巷道相隔，总占地面积约800平方米。颜宅西侧原有院门，已毁。进入院门是一条3米宽的通道，两座宅子均朝通道开门。两座宅子格局一致，均为三间三进、青砖硬山顶、"人"字山墙的广府式民居。第一进为门厅，前设凹门廊。门厅后有天井，天井两侧为厢房。第二进为三间通面开敞的客厅，采用广府式梁架承托屋顶。厅前设有檐廊，檐柱木制，柱础为广府花瓶式。第三进为祖厅和上房，天井比第二进天井略窄，因而两侧厢房也较宽敞。

颜宅正门

颜宅侧面

颜宅二进及后天井

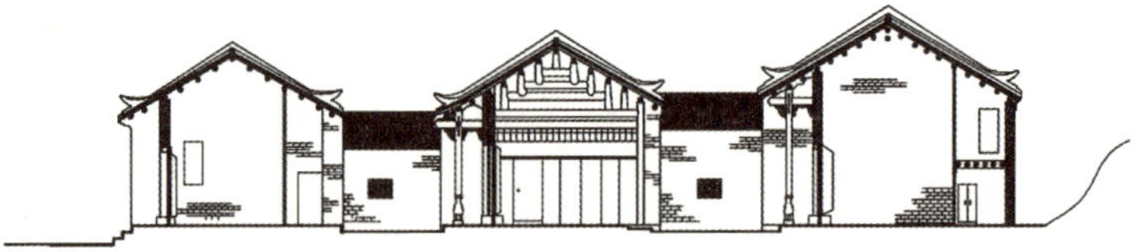

颜宅剖面示意图

颜宅在装饰上比较讲究，门、窗、神楼、斗拱、屋檐、柱础等构件均有花、鸟、虫、鱼、龙和凤等主题的雕塑，屋脊、檐下亦饰以彩画。颜宅的动植物木雕、灰塑的立体感很强，工艺精湛，是南宁周边古民居中工艺最精巧的一组。

颜宅主人虽为壮族，但其住宅却采用了汉族广府式民居的传统做法，这对于研究南宁地区壮族民居及其演变脉络颇具价值。

金秀六段民居
（瑶族民居）

六段屯位于来宾市金秀瑶族自治县金秀镇，距县城 20 千米，始建于清道光至光绪年间，距今已有 100 多年的历史，是瑶族的重要分支茶山瑶所居住的村落。村落依山傍水，一条 300 多米长的主街沿山谷贯穿全村，两侧房屋保存完好。

六段某宅建于清代末年，靠山而建，坐北朝南，为典型的地居街屋形式。民居高两层，正面单开间，进深三跨。第一层是家庭生活起居的主要空间，从南至北依次是门厅、堂屋、仓库。堂屋与门厅之间设有狭小的卧室，宽仅 1.6 米。第一层西侧为加建部分，设置了厕所、仓库和鸡圈。堂屋一端放置主人的传统木床，另一端为火塘，中间作为客厅。从门厅西侧的楼梯可通向二楼。二楼的房间一般是未出嫁女儿的卧室，朝南的阳台是茶山瑶传统的吊楼。

“爬吊楼”是茶山瑶男女青年的一种恋爱方式，一般在晚上进行。小伙子来找姑娘谈情说爱时，不走大门，而从门外爬上吊楼。“爬吊楼”有单人爬，也有多个人爬的，常视楼里姑娘的人数而定。

通过第一层仓库的木梯，也可通向靠山台地上的二楼卧室，该区域与山上的茶园相连。六段屯每家每户都拥有自己的茶园，并且每天都会上山打理。

该宅为砖木混合结构，山墙为青砖砌筑，硬山搁檩。户与户之间隔墙毗邻。

六段某宅外观

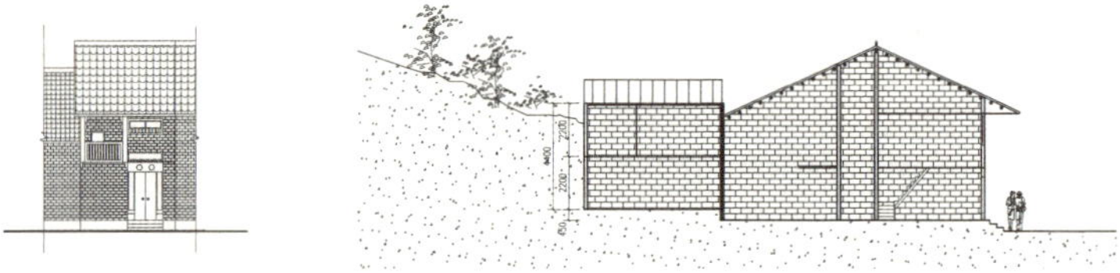

六段某宅立面及剖面示意图

恭城朗山民居
（瑶族民居）

桂林市恭城瑶族自治县莲花镇朗山村，距县城 18 千米，虽为瑶族聚居村落，但其民居建筑已基本汉化，均为“四合天井型”，门楼较深而天井空间显窄，具有湘赣建筑的特点。与汉族民居不同的是，朗山村民居将厨房和杂物房独立出来，设置在后天井的后方。

朗山村古民居群北侧紧邻入口门楼的 2 号住宅在平面与空间布局上极富特色。该建筑为整个古民居群的前导空间，其设置极富变化：从偏于一侧的两层门楼进入，再经过前院大门的曲折巷道进入主体住宅，三个大门均错位布置，保证了空间的私密性。入口巷道墙壁上端布满精美彩绘。

该住宅平面规整，形体高大，为三开间二进院落，顺地形而逐级升高。第一进入口为门楼，大门处墙体内凹，两侧为耳房。墙体端部均施以精美的淡色彩绘，主入口处的屋顶檐部设蓝色卷栩造型的木构吊顶。第一进天井两侧为厢房，天井正对正房，中间为堂屋、香火台，两侧是耳房。穿过堂屋后为第二进，主要是厨房和牲圈（可能为后期加建），设一横向天井。天井较窄，主要是为解决第一进与第二进屋面排水而设。

朗山村古民居入口门楼

2号住宅的主体建筑皆为两层，耳房、厢房、堂屋的高度各不相同。堂屋层高较高，第一层层高3.8米，第二层至屋顶最高处约5.5米。因为第一层堂屋正面较封闭，以砖墙为主，因此第二层楼板正中开有洞口，以满足第一层堂屋的采光需要，洞口四周围以木质栏杆。堂屋两侧耳房和天井两侧的厢房较矮，第一进院落形成了“中间高、两边矮”的空间格局。堂屋背后设楼梯间，可上二楼。屋顶采用马头墙和“人”字山墙结合形式，顺应地形，前低后高，体量较大，端部起翘明显。为保证第一层、第二层房间的采光通风，山墙面（南北面）均开设了窗户。

2号住宅与广西常见的穿斗式木构架不同，采用的是砖墙承重、硬山搁檩的结构体系，整栋建筑内部不设木柱。横向墙体上

朗山 2 号住宅立面

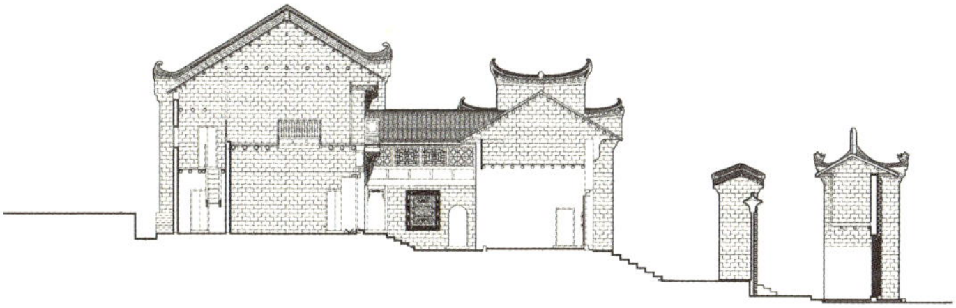

朗山 2 号住宅剖面示意图

设木构檩条，上铺椽子及灰瓦。檩条下设木梁与横墙相连，或在第一层顶部设木梁，上铺木板形成楼面。建筑内部主要门窗、栏杆均为木构，雕刻极其精美，在屋顶檐部也设有精美的木雕挂落。

融水卜令杨宅

（苗族民居）

卜令苗寨位于柳州市融水苗族自治县香粉乡，元宝山南麓，距县城 40 千米。村落迄今已有 500 多年的历史，较为完整地保留着 128 座干栏式建筑及苗族蜡染、坡会等非物质文化遗产。

杨宅是典型的苗族干栏式民居，坐北朝南，高三层，面阔五开间（含两侧批厦），进深四开间。第一层整体架空，用于储藏和饲养牲畜，东侧设有楼梯。第二层是主要的生活空间，前后均设有晒台。前部是开敞的望楼厅，中部凹入形成退堂。中部北侧有两间卧室，卧室左右各设有一个火塘间，作为家中两代人分户生活的基础。火塘间东西侧的批厦内均设置有卧室及小型储物空间。通过望楼厅凹入处的楼梯可上达第三层中部。第三层由中部通廊划分为南北两个部分，南面为卧室，北面则为火塘间上空。火塘上空间通过竹栅板分隔为两层的储物空间，体现了对空间的充分利用。

杨宅的建筑构架采用较为原始的穿斗木构结合大叉手形式，各柱不直接承檩，而是通过承托“人”字叉手，再由叉手承檩。仅第二层部分设有批厦。进深方向中部三柱伸至第三层，承托上部的小批檐，形成山墙面双重批檐。立面上，首层架空不设围护，完全敞开，第二层、第三层均以木板墙围合，开设采光小窗，望楼厅部分设有木栏板。

杨宅外观

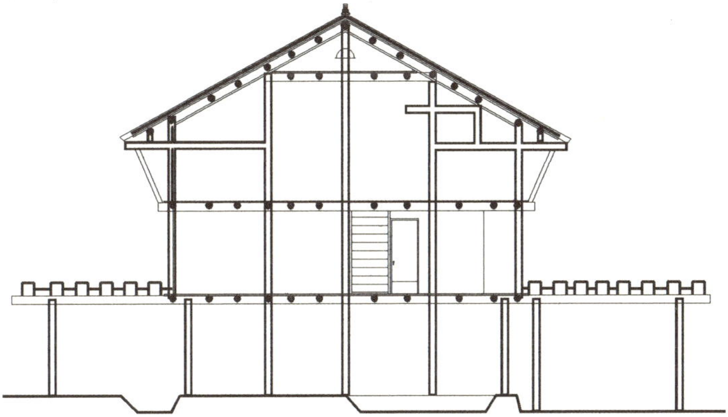

杨宅剖面示意图

三江高定吴宅
（侗族民居）

高定村位于柳州市三江侗族自治县独峒镇，地处湘、黔、桂交界的三省坡南部的山岭中，距三江县城 60 千米。

高定村始建于明洪武元年（1368 年），其祖先从江西、贵州辗转而来，发展至今已有 500 多户 2600 余人，均为侗族。村落四面环山，谷底较狭小且有小溪穿过。“高定”之名既体现了村落地处高山陡坡的自然环境特点，也表达了人们对未来安定、稳定发展的美好愿望。

侗族村寨最明显的特征是大多有明确的村落中心——鼓楼和戏台，高定村概莫能外。现今，寨中共有 7 座鼓楼，寨中央的中心鼓楼和戏台为全村各姓氏共建，另外 6 座分属不同分支或不同姓氏，其中吴姓占 4 座，余下 2 座则为其他小姓合建。中心鼓楼和戏台位于北面山坡的中央，除了是高定村的公共活动中心，还是“款”组织集会及活动场所、本寨或与其他村寨举办集体娱乐活动和交往的场所。高定村鼓楼的平面有矩形、方形和八边形。中心鼓楼为 9 层，最高的吴通氏鼓楼为独柱 13 层，最矮的四角鼓楼为 3 层，其余的为 5 层或 7 层。鼓楼形态由下而上逐渐收小，轻盈而富有变化，体形完整对称，体现了集中式公共建筑的特征。

高定村被分为6个“斗”，以各个鼓楼为中心形成6个组团，分布在村落中部东西向山谷的两侧。民居围绕鼓楼、沿着等高线密集地排列，与等高线相呼应而呈现出明显的线性特征，各姓氏的住宅在鼓楼的统领下显示出明显的团块特点。不同姓氏的团块间有清晰的边界，边界为道路、水塘、陡坎或小块的田地，各姓氏的鼓楼是本族的主要议事和活动中心。

高定村干栏式建筑宽敞、通风、干燥，面阔2～5开间，高度上则多为3～4层，底层架空。架空层用于堆放柴火和圈养牲

高定村鸟瞰

畜；第二层住人，里侧为火塘和卧室，外侧为敞廊（作迎客、休息和家庭劳动之用）；第三层为仓库和卧室；第四层一般不镶木墙板，保持通风，以晾晒禾把和谷物。数个住宅单体连接在一起形成连续的建筑界面，前后界面之间是狭小的道路空间，前后排建筑的间距较小。由于地形起伏变化大，后排建筑建在更高的台地上，加上底层架空，生活层在第二层、第三层，因此建筑的采光和通风不受影响。

吴宅建于20世纪50年代，位于村子中部的小河沟旁，坐北朝南，高四层，配合地形依次坐落在三个不同标高的台地上。该宅正面五开间（含两侧批厦），进深四开间，是典型的侗族干栏式民居。由于基地高差很大，第一层、第二层均架空。第一层进深仅一跨，作为柴房。从西面跨越河沟的小桥进入第一层，并设置有通达上部楼层的石砌台阶。第二层进深三跨，主要作为储物

吴宅外观

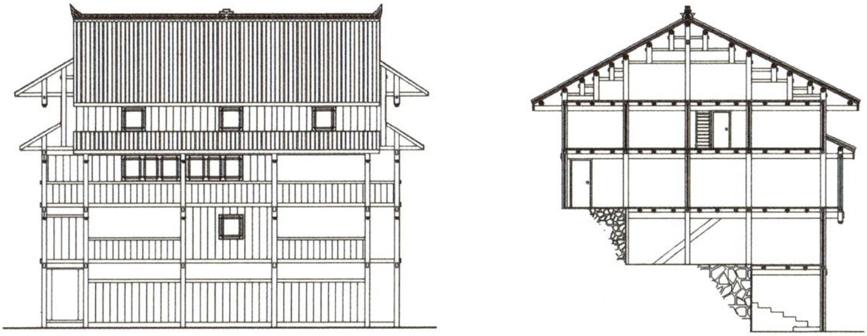

吴宅立面及剖面示意图

及饲养牲畜之用，亦在西侧设置继续向上的楼梯。第三层是主要的生活空间，进深已达四跨，并在南面设置出跳 70 厘米左右的吊柱。该层前部为通间的厅堂，后部西侧集中布置厨房和火塘间，东侧设有直通室外地面的后门。可通过西侧的楼梯继续向上爬至第四层。第三层由中部一跨的通长过厅分为南北两个部分，均为卧室及部分储物空间。过厅中还设有通往上部夹层的简易木梯。

吴宅的建筑构架采用穿斗式木构架，每榀梁架五柱落地，中间两跨三步水，南北两跨各四步水。南面第三层出跳处上方设披檐，东西两侧批厦在第三层、第四层处均设批檐。立面上，第一层、第二层多用木板墙做不到顶的围合，较为通透；第三层、第四层亦以木板墙封闭围合，根据使用需求开设采光小窗。檐部穿枋挑出承檩，均设封檐板，吊柱柱头垂瓜别致。

侗族民居层数较多，颇显高大，因南面与东西两侧均有重檐，重叠错落，更显气势不凡。

罗城石围银宅
（仫佬族民居）

石围屯位于河池市罗城仫佬族自治县东门镇西北部的中石村，距县城约4千米，山坡、田野、河流三面环绕，自然景观开阔秀丽。

石围屯居民均为银姓仫佬族。据《银氏族谱》和《永安桥功德碑记》记载，石围古村始祖于明洪武二年（1369年）迁居到此，至今已有600多年历史。屯中尚存古民居40余座，多数建于清代和民国时期，均为砖木结构，硬山搁檩建筑，屋檐与内墙壁画精细，花窗样式、图案丰富，雕工精巧，是罗城古代仫佬族木雕工艺的精品代表。屯后有一条长70多米、部分用三合土拌浆砌筑的石墙，墙中设有枪眼和哨口，是现今罗城发现的规模最大、保存最完整的防御墙。屯边小河畔竖立的方塔功德碑，是古代仫佬族地区民族团结和谐的历史见证。

银宅（银星月祖屋）坐北朝南，独门独院，四周以围墙与外界隔离。入户的门楼位于正面围墙与山面围墙交界处，朝向位于45° 切角的方位，这是仫佬族先人受汉族文化影响，为图吉利，门楼避免正对主屋方向而设计。自门楼进入，先来到的是正屋前面的前院，院内北侧、西侧为院墙，东侧为一辅房，多作为谷仓等仓储用途，南面正对正屋。正屋三开间，为典型的一明两暗布局，正中为堂屋，两侧是厢房。在东侧厢房与前院谷仓之间形成狭窄通道，通道尽头是卫生间。堂屋正面墙奉有祖宗堂号，中间隔一木板以设供品，下部为八仙桌。正面墙左下为进入房屋后部的门洞。后部为一窄小过厅，右侧设有上达二楼夹层的楼梯。后墙正中设有后门，可通达室外。左侧厢房为儿子儿媳居住，右侧厢房为老人居住，两房均设有储物夹层。整座房屋格局简单，居住空间有限，这与建造时屋主的财力及人口数量有关。整体布局上具有明显的汉族民居的特点。

银宅屋顶样式为典型的桂北汉族民居硬山顶，屋面覆小青瓦，坡屋面几无升起与起翘，建筑工艺简朴。墙体材料为火砖，

● 银宅外观

与常规的青砖相比色泽多红黄杂色。这与仫佬族山乡盛产煤炭有关。这些火砖用煤矸石粉掺和白泥烧制，煤矸石粉在烧制过程中会自燃，可使烧出的砖硬度大，结实耐用，但色泽不够均匀。民居室内以石灰抹墙，内壁下方以煤灰涂抹1米多高，刻有砖纹。内壁上方和大门上壁，原本绘有花、鸟、鱼、虫、麒麟、龙、凤的彩绘，因年代久远已无迹可寻。房基高出地面，墙基以当地岩石砌筑。仫佬族民居的装饰特色主要体现在木雕上。银宅的正面顶梁满格雕“凤穿牡丹”，西侧儿子儿媳房花窗雕“麒麟送子”，东侧老人房花窗雕“富贵花开”，庭院地面石板雕刻“四方来财，人丁兴旺”，雕工精细，寓意吉祥。

银宅窗花装饰

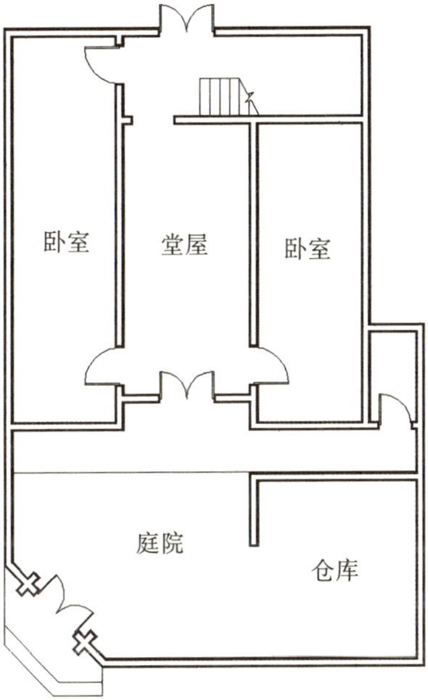

银宅平面示意图

户户相连是仫佬族民居的特点，虽是独户独院，但户与户之间都有侧门相通，出正屋后门，就是后邻家的天井。除有巷道相隔或独立建房者外，全屯各户几乎可以畅通无阻。这是为了方便邻里平日交往，更重要的原因是旧社会兵灾匪祸频繁，打家劫舍的事时有发生，家家有门相通，便于走避和互相救援，这从侧面反映出仫佬族团结互助、邻里和睦的优良传统。

环江南昌谭宅
（毛南族民居）

南昌屯位于河池市环江毛南族自治县下南乡中南村，距县城51千米。南昌屯是毛南族的发祥地，距今已有近500年的历史。据传，明嘉靖年间，毛南族先人谭三孝从外地迁到南昌屯落户，后与当地人联姻，生儿育女，乃成今毛南族。如今，全屯依然以谭姓为主。

谭宅高两层，面宽三开间，进深三开间，南面开间较深，形成深前廊。为了配合鲁班尺的长度，各开间尺寸均采用5的模数。第一层还保留着干栏式民居的风格，主要用作饲养牲畜。过正面直入的楼梯可通向第二层。第二层正中是通面宽的堂屋，南面楼梯两侧的两间耳房为家中女儿及客人居住；北面并排三间房，老人房居中，西侧为厨房，东侧是已婚儿子的房间。

谭宅采用砖木混合结构，共四柱落地，中间两榀框架为木结构穿斗架，东西两侧采用青砖墙承重。位于房屋中心的柱子称“母柱”，其余柱子称为“子柱”。这种四柱梁架式房屋是广西毛南族民居的一大特色。进深方向的四柱中，仅前三柱落达第一层，后一柱落在第二层，俗称“半边楼”。

建筑立面首层采用当地岩石块垒砌而成，第二层以上两山墙及后墙采用青砖砌筑，正面为竖拼木板墙。山墙面阁楼处开有“囍”字纹镂花窗，下部左右各有一小窗。

谭宅外观

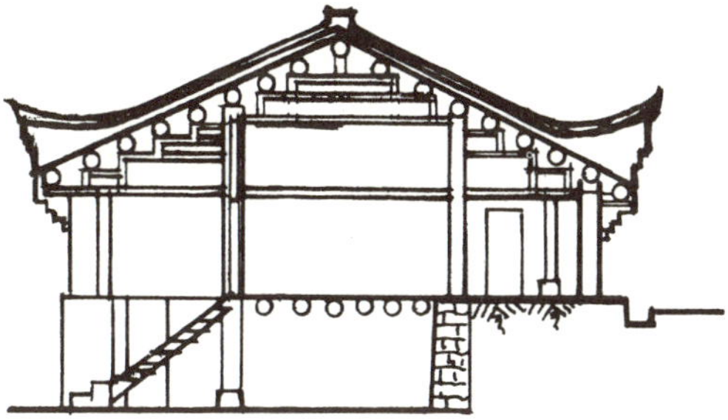

谭宅剖面示意图

临桂旧村傅宅
（回族民居）

临桂区会仙镇旧村坐落于地势相对平缓的河谷地带，距桂林市中心 33 千米。村边有桂柳古运河的支流流经，村前有广阔的田野。全村有 40 余户人家，由白、马、傅、常 4 个姓氏家族组成，均为回族。旧村先民以石狮为威武、强大与吉祥的象征，是尊贵、不可侵犯的标志，在村落的东、西、北三面均设有巨石雕刻的石狮。村落中心的清真寺，建于明洪武元年（1368 年），为广西历史最悠久的清真寺之一。旧村民居多建于明清时期，房屋坐西朝东，与清真寺的朝向保持一致。大门开在正面，无侧门。建筑面阔均为三开间，进深有一进或二进。

傅宅为一座两进宅院，第一进为道槽，两侧设有卧室。第二进天井左侧建有杂物房，右侧为厨房。主房有二堂四室，从堂屋屏风两侧开两个门通往二堂背。堂屋无神龛，亦无“天地君亲师”牌位，不贴对联，不贴门神。两侧共四间卧室，前两间住小辈，后两间住长辈。房间开间尺寸前后稍有变化，堂屋、二堂背开间尺寸前后一致。对于厢房，当地有“前宽后窄，神仙也住不得”的说法；前窄后宽，则寓意子孙后代的生活道路越走越宽，事业兴旺发达，因此傅宅的厢房前窄后宽，前后相差 5 ～ 10 厘米。堂屋、二堂背内为两排五柱穿斗式木构架，镶木板壁，无阁楼，显得宽敞明亮。卧室正面板壁置以做工精细的木格花窗，门开向堂屋，内设阁楼，可通过楼梯从堂屋上下阁楼。

宅院的正立面墙体是建筑装饰的重点部位，屋槽以三层砖叠涩凸出，构成纹饰，上盖小青瓦，挑出 1/3 瓦长，用石灰砂浆制成白色瓦当，与三角形涩砖灰白相间，构成秀丽的线型。大门顶部正中与道槽屋脊中央用砖砌“品”字形装饰，以求平安。其余三面外墙则为毛石墙基、青砖墙身。由于厢房屋面均坡向天井，因而形成了外墙封闭、高耸，屋面起伏有致的总体形态。

傅宅外墙

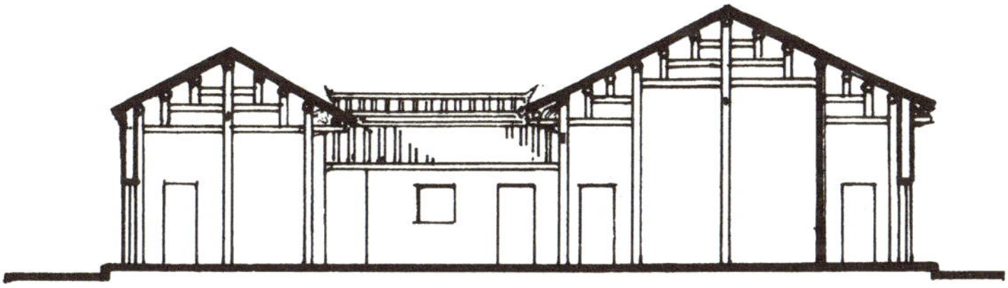

傅宅剖面示意图

隆林保上李宅
（彝族民居）

德峨镇保上村位于百色市隆林至西林县际公路东北部，为彝族聚居的村寨，亦为著名的彝族火把节圣地。隆林、西林的彝族在语言、衣饰、习俗上与四川凉山、贵州西北部、云南楚雄和大理等地的彝族相近。彝族的家庭结构以核心家庭为主，儿女结婚后即另建房屋，自立门户，故民居的规模、体量与此相适应，布局上有内院式和无院落式之分。

李宅平面格局为三开间，明间与西侧次间前设有前廊。第一层为主要居住层，正中开大门，门两侧木板墙上开有较为精美的木格窗。堂屋居中，后半部设一小间仓库。厨房、火塘布置于东侧厢房，门直接开向前廊。第二层作贮藏之用。西侧厢房第一层与第二层均为卧室。为满足卫生需求，猪圈、牛栏另建于屋外东北方向，可通过厨房东北角侧门到达。

李宅建筑结构吸收了壮、汉民居风格，穿斗构架，山墙与后墙为土坯砖墙，墙体厚实，开窗较少且较小。正立面第一层左侧为土坯砖墙，右侧为毛石墙，第二层用竹笆围护。

李宅外观

李宅剖面示意图

南丹潘宅
（水族民居）

广西的水族主要分布在河池市和柳州市融水苗族自治县。传统的水族民居多为干栏式建筑，但由于与其他民族杂居，水族民居在保持本民族特色的基础上，亦充分吸收了其他民族的优点。

南丹潘宅坐西朝东，平面格局为三开间，第一层养家畜，第二层居住，由室外料石阶梯直通第二层。户门向内退到金柱，形成入口灰空间，不另设望楼、挑廊。入口处木镂花门窗雕工精细，极富民族特色。厅堂居中，两侧共四间厢房，左后侧厢房为厨房，其余为卧室。正厅后半部设后厅，并有门直通室外。潘宅在结构上采用穿斗式木构架，进深方向的 7 柱中，后 3 柱直接落在第二层，形成“半边楼”式空间布局。山墙用三层砖叠涩凸出，上盖小青瓦，在小青瓦上压一层砖，垂脊两端既挑又翘，有腾空之势，甚为轻巧。

潘宅外观

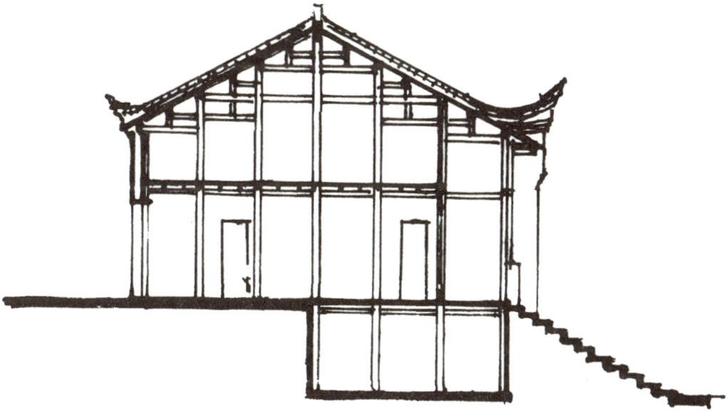

潘宅剖面示意图

灵川江头村

（汉族湘赣式宅第和宗祠）

湘赣式民居是典型的南方天井式民居。广西湘赣式民居的基本平面可分为一进一天井、一进双天井和在此基础上拼接组合三种模式。

江头村位于桂林市灵川县九屋镇甘棠江西畔，距桂林市 30 多千米，是北宋著名哲学家、理学创始人周敦颐后裔繁衍生息之地。明洪武元年（1368 年），周氏先祖周秀旺（周敦颐第 14 代孙）从湖南道县迁入广西，兴建此村，至今已有 650 余年的历史。周氏族人尊师重教、崇尚儒学，恪守先祖周敦颐的爱莲文化，并努力将其发扬光大。及至明清，尤其是自清乾隆以来，周氏族人办义学，设私塾，大兴科举，仕宦文化发展兴盛。据初步统计，明清以来，江头村周姓族人共有秀才 200 多人，出仕为官者 200 多人，其中五品以上官员就达 37 人，更有父子进士、三代庶吉士、四代五举人、五代知县的例子，受皇廷诰封或封赠的人员逾百人，故江头村素有“才子村”和“百年清官村”之美誉。

江头村三面环山，南面邻水，整个村落水系保存相当完好。在水口处设有牌坊、惜字炉，江边古树茂盛，有古井古桥，形成

● 江头村古民居群

良好的村落公共景观。村落南边靠近村口处设有宗族总祠——爱莲家祠。

江头村保留有明代晚期古建筑 30 多座，清代中晚期古建筑 60 多座，这些古建筑具有显著的湘赣式民居特征。村中的明代建筑损毁较为严重，现保留下来的大多形制简单，房屋面阔 2 ～ 3 开间，单座单层，无天井，仅设一个正门。两坡悬山顶、穿斗式结构，外墙为土坯砖砌筑，房屋略显低矮、狭窄、阴暗。村中清代古民居均为典型的多进合院式民居，呈格网状自然发展。其中，位于村中前部民居均为仕宦旧居，大门居中或居一侧，入口内凹，均设门斗，门额挂有“文魁”“解元”“贡士”“进士”“翰林”等牌匾。这些民居规模较大，装饰丰富，院落规整，格局清晰。其中一组民居以纵向三进为一单元，在此基础上横向并列三个单元，内部天井直接相连，形成内部巷道，极具特

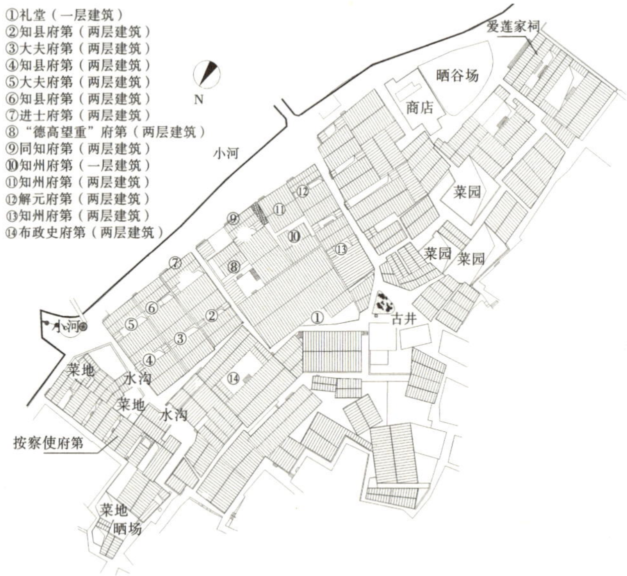

江头村主要民居平面示意图

江头村古民居

色。村中后部民居布局相对灵活，无明显的轴线及对位关系。其中，在古井附近的一巷道被称为“迷宫”，呈“之”字形布局，曲折多变，临巷的建筑也顺地形布置，形态各异。江头村古民居山墙种类丰富，有“人”字墙、镬耳墙、马头墙等。马头墙起翘高耸，其下多施以粉饰或雕刻。

按察使府第是江头村人周培正的故居。周培正，清乾隆三十一年（1766 年）贡生，历任浙江衢州府常山县、四川梁山县知县。在任期间政务求实、操守清廉，后晋升直隶按察使，并获赠“文林郎”匾，诰封“通奉大夫”。按察使府第始建于清乾隆年间，为典型的四进三开间四合院落式，其空间严格按轴线纵向布局。大门位于建筑东北角，外墙内凹形成门斗，门斗上设木梁，上部以连接构件支撑屋顶，下部设雀替与砖墙相连，木构雕花精美，并施以红、蓝等明快色彩。大门旁设有倒座，第一进天井一侧设厢房。堂屋面阔约 4.5 米，上设神龛，采用穿斗式结构形式，两侧各设两间耳房。第二进、第三进堂屋格局相似，顺地形逐级抬高。在天井东侧均设偏门与巷道相通。第二进天井体量较大，堂屋上挂有“文林郎”牌匾。第四进院落天井狭长，西面设一小偏屋，最后一座建筑地坪抬高 1 米，通过东北角的 4 级台阶拾级而上，其内部未做墙面分隔，估计曾为戏台或其他非居住功能用房。

该建筑外墙用青砖砌筑，门屋及前两进为“人”字屋面，第四进采用五花山墙，最后以一单坡屋顶结束。整个建筑形体优美，山墙起翘高挑。建筑内部的门窗木雕雕刻精美、图案丰富，保存完好。

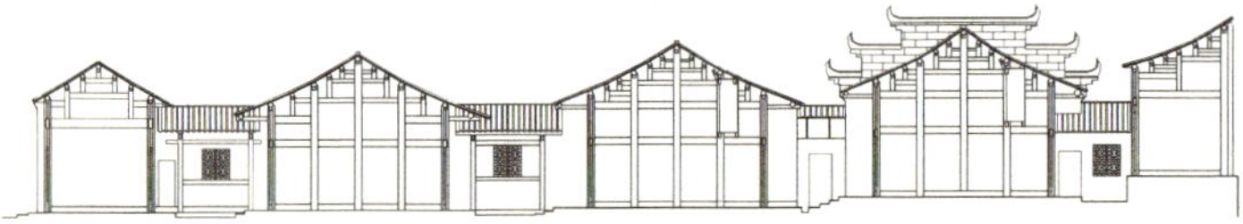

按察使府第剖面示意图

按察使府第大门

爱莲家祠是江头村周氏的宗祠，是祠塾合一的代表，集敬祖、修身于一体，为典型的湘赣式聚落祠堂。该祠始建于清光绪八年（1882年），以爱莲为名，取自先祖周敦颐名文《爱莲说》，宗祠的柱、梁、枋均着黑色，象征淤泥；四壁、楼面、窗

爱莲家祠正面

棂着以红色，象征莲花。祠堂如今仅余一路两进五开间，是桂北地区唯一的五开间祠堂，其规制超越了当时仪典中对庶民祠堂的规定。祠堂在南北中轴线上依次布局门厅（大门楼）、天井、中厅（兴宗门）、大天井、上厅（文渊楼）、半天井。

爱莲家祠的门厅（大门楼）面阔五开间，进深三开间，镬耳硬山顶，屋宇式大门形制，运用中柱启三门的高规制，其等级相当于《清会典》中的亲王府大门。此外，虽然门厅的三个门都是用木门仪、木门板，但明间使用四颗门簪，次间使用两颗门簪，都超越了《清会典》对一般祠堂的规定，是逾制的做法。逾制的做法之所以会出现，一方面是因为清末内忧外患，清政府自顾不暇；另一方面是灵川地处偏远，远离皇城，故逾制之举尚可理解。但就广西现今遗存的祠堂而言，这种大胆的、远超规格的逾制做法，尚属首例。

门厅的木构架采用穿斗式，但穿枋使用圆作梁形式，中柱与檐柱间不设轩棚或天花，直接暴露木屋架，仅在挑檐部分设素平木板天花，天花施以蓝色，这是清末民初的习惯手法。檐枋为圆枋形式，枋底饰以花草，其中后檐柱的檐枋之上设镂花板装饰。

中厅（兴宗门）面阔五开间，进深三开间，硬山屋顶，台基顺应地形抬高约 1.5 米。中厅的柱网布局、开门方式、木构架、装饰等与门厅类似，不同之处在于明间不再使用四颗门簪，改用两颗。前檐枋也如门厅后檐枋一样，上置镂花板。两侧塾房则作厨房之用。

上厅（文渊楼）面阔五开间，进深四开间，高两层，下层为寝堂，上层则是周氏子弟和附近生员的书塾，左右设木梯通达。正厅前设左右厢房，亦高两层，采用非常有特色的文字隔扇窗户，突出诗书传家的主题。正厅后设半天井，增加了正厅的通风和采光，为周氏子弟读书创造良好的环境。正厅的装饰主要体现在窗户及栏杆上，其中最具特色的是木栏杆，在第一层栏杆上约 20 厘米的位置，再设一道形制相似，但高仅 20 厘米的迷你栏杆栏板，使正厅的正立面变得独特，并与门厅、中厅檐枋上的镂花板相呼应。

兴业庞村古民居
（汉族广府式宅第和宗祠）

三间两廊是广府式民居建筑的基本形制。三间，即明间的厅堂和两侧次间的居室；两廊，即两侧厢房为廊，一般右廊开门与街道相通，为门房，左廊则多用作厨房。三间两廊式的平面布局虽然广为流传，但满足不了富商巨贾和大户人家的需要，因此在清末礼制松弛、禁令松懈之后，多开间的民居多了起来。

庞村位于兴业县石南镇，距县城 2.5 千米。庞村始建于清乾隆四十一年（1776 年），嘉庆年间大规模扩建，至晚清基本定型。现存古民居群共有 34 座府第，保存完好的尚有 17 座。现存宅第的主要建设者为清初迁居此地的梁氏家族第十一代族主梁标文，其七子九女均建有一座或多座宅第。

村落的宅第与宗祠大多朝向东南。平面形制方面，大多为五开间以上，甚至做到七开间；进深方面，则单进、两进、三进均有。

156 号宅主体为四合天井式，在西侧增建四间辅房和小院，以满足更多加工、储藏和居住等方面的需求。宅第的仪式性主入口仍然开在主体轴线的正中。值得一提的是，为了改善该宅正房的采光条件，在厢房处隔出空间加设了两个小天井，解决了正房的采光问题，同时丰富了居室的空间层次。

庞村古民居建筑群拥有典型的广府风格。建筑山墙为“人”字形，沿墙边和屋脊装饰或采用轻巧的龙舟脊，或采用厚重的博古脊，柱墩亦为典型的广府花瓶式样。檐下与山墙边均有灰塑或彩绘，题材以花卉、树木及鸳鸯、仙鹤、鹿等珍禽瑞兽为主，笔法细腻圆润。檐口和窗楣均有精美雕刻，多雕以盘龙翔凤、喜鹊及如意、八宝等。

梁氏祖祠大门

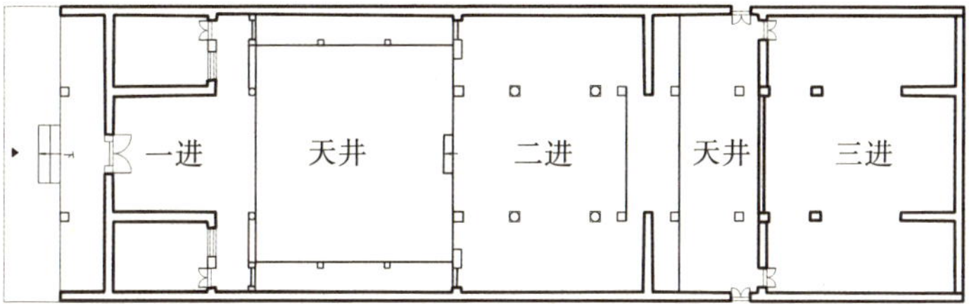

梁氏祖祠平面示意图

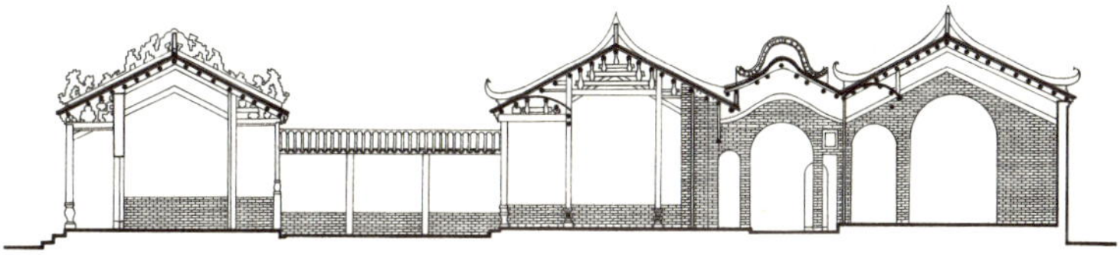

梁氏祖祠剖面示意图

梁氏祖祠是梁氏子孙为纪念其先祖梁标文所建，朝向东南，位于整个村落的最前排。祖祠的平面形制为三进三间，第一进为门厅，前设前檐廊，檐下封檐板，檐板雕有花鸟鱼虫，十分精美。檐廊石柱一对，截面为正方形，石质花瓶柱础，为典型的广府式做法。前廊檩条下木构架和柁敦被雕刻成博古架、卷云和花盆状，饰以精美木雕。石柱和两侧山墙以木制虾弓梁相连。大门开在正中，墙顶檐下有山川人物故事主题彩绘，正中为“梁氏祖祠”四个大字。大门后为门厅，两侧设门房，门房和门厅前有后檐廊。整个第一进为硬山搁檩式结构，“人”字山墙，墙顶和屋檐均饰以厚重的博古脊饰。第一进和第二进之间为一宽大的天井，天井两侧设走廊，单坡屋檐坡向中部天井。第二进大厅为全开敞，中部无墙，三开间进深，前部第一进设弧形轩廊。梁架左右两侧支撑在山墙上，中间为了创造宽敞的空间而采用插梁式结构，梁枋宽厚，瓜柱为广府式梁架典型的葫芦式样。第二进、第三进之间亦设天井，尺寸较小。天井两侧亦设廊，较宽，各有大门通向祠堂外巷道。该廊屋顶为与主屋同一方向的双坡，屋檐叠在前后两进主屋的屋檐上，将第二进、第三进连为一体。两侧山墙为镬耳式。第三进为祖厅，供奉梁氏祖先牌位。祖厅檩条在两侧，亦直接支在山墙上，与前两进不同的是，其中部梁架采用沉式梁架和砖墙的混合承重，两道横墙从后墙伸出，形成供奉祖先灵位的龛，木梁架就支承在墙肢和中部的木柱上，既满足了使用功能的需要，又不至于过度耗费木材。梁氏祖祠室内外檐下均绘有精美彩画，祖厅和天井两侧走廊侧墙上的洞口和通向祖厅两侧的门洞过梁均用青砖砌成拱形，工艺精湛。第二进、第三进主屋均采用“人”字山墙并饰以龙舟脊，这也是较为典型的广府式建筑的装饰做法。

八步江氏客家围屋

（汉族客家宅第和宗祠）

广西客家建筑的主要类型包括堂横屋、围垅屋和围堡。其中，堂横屋是广西客家建筑最为常见的类型，也是其他客家建筑类型的基本组成单位。

仁冲村江氏客家围屋位于贺州市八步区莲塘镇，距贺州市区11千米。江氏先祖原籍河南淮阳，为躲避战乱于宋代举家南迁，先定居广东长乐。清道光年间，江家先人江浚辗转到广西谋生，在莲塘镇仁冲村、白花村一带种田、做小生意，家境渐渐殷实。随后，其子江廷泰在莲塘镇仁冲村建屋，即北座老屋。清光绪十一年（1885年），江廷泰之子江海清在镇南关大捷中因战功显赫晋升为三品朝官，出任云南省盐检道台，受赏巨额白银及“万宝来朝”牌匾，成为云南、广西贺县（今贺州市）一带远近闻名的“江百万”。此时的江家有钱有势，声名显赫，人丁兴旺。原有老屋不敷居住，由江海清出资，在仁冲村老屋东南面另建新围屋，就是现在的江氏围屋。围屋占地面积超过2公顷，现今仍聚族居住着32户近200人。

江氏围屋是广西保存得最好的堂横屋，四堂六横格局，坐东北朝向西南，秉承客家民居“天圆地方”的布局传统，呈前圆后方形。方形部分是建筑主体，宽 87 米，深约 50 米，建筑物前有弧形高墙围合起来的巨大晒坪。围屋院门位于弧形围墙的南侧，院门正上方书“淮阳第”三字，左右为“淮阳源远，世代流芳”的楹联，体现江氏迁地不忘本的品格。四进堂屋均为五开间结构，正中设大门，沿中轴线由西向东依次布置下厅、中厅、上厅和祠堂。祠堂为上，由上至下，建筑高度从高至低依次排列，主次分明。四进堂屋的宽度均为 23 米左右，除第一进祠堂正房进深 7.3 米外，其余进的正房进深均为 5.2 米左右，各进天井尺寸

江氏围屋

也较为平均，天井两旁的厢房大小也一致。厅堂两侧的耳房均为主人的起居卧室，其分配严格遵照先长后幼的尊卑次序及“以东为尊，以西为卑”的传统习惯来安排。例如，江海清之父，娶有一妻一妾，各育三子，右侧耳房为其妻及三子居所，自长至幼顺序居住；左侧耳房为其妾及三子居所，亦按长幼顺序依次居住。其后所生各子再分别向外围及楼上住所延伸。总之，辈分越大，住所位置越靠近厅堂乃至上厅；辈分小的，则分住在靠近下厅的位置乃至外围。

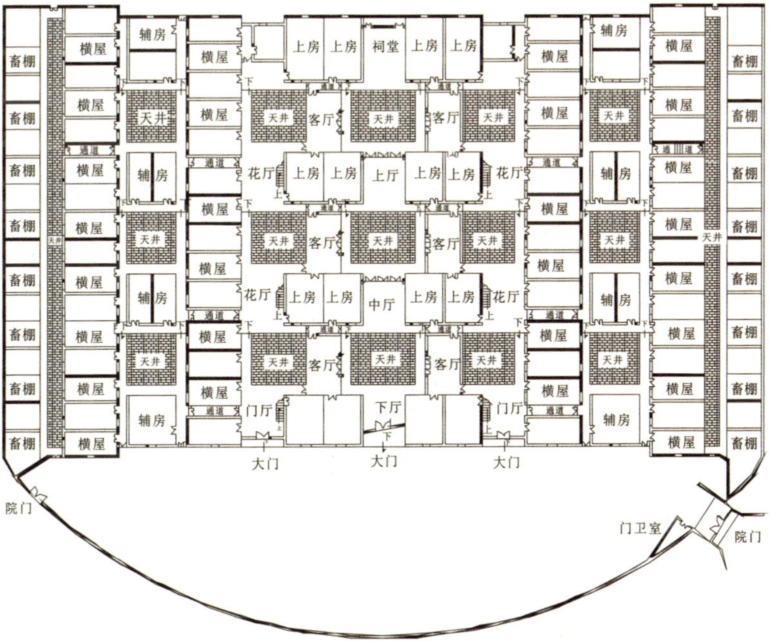

● 江氏围屋平面示意图

围屋的正大门开设在下厅正中，为了避免直对门前高山，向左略偏一角度，朝向前方的“笔架山”。堂屋与左右两侧的第一排横屋之间各设有一个侧大门，与正大门通向各个厅堂和正中天井相对应。侧大门后则是两列共八个被天井相隔的花厅，是平时活动和宴客的场所，花厅内均设通向二楼的开敞楼梯。和中轴线上各进堂屋严肃的空间气氛不同，花厅和各个天井之间不设分割，空间通透流畅，十分具有现代韵律感。横屋之间以天井和落敖相连，横屋用于住人，而落敖则为厨房等辅助空间。横屋开门方向均面向中轴线，窗户则两面墙上都有，形成良好的通风环境。左右两侧的最后一列横屋均为畜棚，与中间一列横屋隔以通

围屋大门

长的天井。整个江氏围屋规划严整有序，屋宇、厅堂、天井、回廊布局合理，形成一体，厅与廊通，廊与房接，上下相通。

夯土和土坯砖是客家民居的常用建材，江氏围屋的墙体在窗台以下为夯土，以上为土砖，只是在厅堂等重要场所的重要部位采用条石和青砖，显示出客家人勤俭朴素的优良作风。建筑造型上强调整体气势而不拘泥于局部的精雕细琢。为了防止雨水侵蚀泥砖墙面，多采用悬山顶，各列横屋则为歇山式屋顶。

江氏围屋格局考究，保存完整，是广西地区不多见的客家围屋文物范本。

● 花厅

端雅肃穆的寺观祠庙

广西的宗教主要有佛教、道教、伊斯兰教、天主教、基督教及各类民间信仰等，各教派都建有崇拜场所，因此广西的宗教建筑种类丰富、数量繁多、形式各异。

佛教在东汉末期传入广西，隋唐时期进入发展期，至宋代发展鼎盛，元代衰微。明清时期广西佛教有所发展，寺院遍及各地。但由于各种历史原因，广西遗存至今的佛寺屈指可数。

道教于东汉时期传入广西，唐宋时期快速发展，桂东、桂南等地均有宫观分布。元明清时期，道教不断向桂西、桂西南等广西腹地传播。民国时期，桂系首领黄绍竑通令各县改道观为学校，变庙产为公产，道观因之完全倾圮。

回族入迁广西始于元代，明清时期达到高峰。明清以来，广西先后兴建 30 多座清真寺，现仅存 20 余座，遗存较完好的几座集中在桂林及其周边地区。

广西现存的天主教和基督教教堂形制均受西方建筑的影响，不是依照中国传统建筑设计理念、手法、形制而建，从建筑学分类来看，应归为近现代建筑，不属于古建筑，故本书不做介绍。

广西祠庙包括地方护佑性祠庙、防灾驱祸性祠庙、专业护佑性祠庙、地方教化性祠庙、地方信仰祠庙，还有少数民族信仰相关的三王宫、飞山宫等。

合浦大士阁

大士阁濒临北部湾，是中国最近海的传统佛教建筑之一，位于距合浦县城 85 千米的山口镇永安村内。永安村是由永安千户守御所的城池及其守军的后代演变而来。永安千户守御所是明洪武年间为防倭寇而在沿海建的 27 个卫所之一，始建于洪武二十七年（1394 年），地扼高州、雷州、琼海道咽喉，海防军事战略地位重要。明成化五年（1469 年）重修永安城时，于城中央修建军事指挥中心。清代之后，随着永安城的军事地位逐渐下降，指挥中心改为供奉观音大士的宗教场所，故称“大士阁”。1941 年、1959 年，永安城的城池、城门被拆毁，仅大士阁及部分民居遗存。大士阁于 1988 年被列入全国第三批重点文物保护单位。

大士阁居于永安城的中心位置，位处贯通古城东、西、南、北四个城门的两条主要通道的交叉点上。大士阁坐北朝南，是一个底层架空、外观为前后两座重檐歇山顶建筑紧密相连的、屋顶形态丰富的建筑，颇有宋代风韵。

大士阁面阔三开间，进深六开间。台基前后设三级青石台阶，阶与明间等宽，台基面铺方形地砖。

按空间性质和屋顶形态，大士阁可分为前座和后座。

前三间为前座，其柱网布置为阁身面阔一开间、进深两开间加前面及两侧副阶，副阶宽一间。

后三间为后座，为了在第二层塑造三开间的厅堂空间，底层在两侧和后部做副阶，柱网较复杂：一是进深方向的柱距大；二是外圈檐柱依然保持三开间，但后座在四个角开间的中心分别设一根柱子、明间金柱和前后檐柱之间各设一根柱，这八根柱子是第二层阁身的檐柱，它们与中央的四根粗大的金柱共同组成后座阁身的受力柱，这使得后座的第二层空间比前座的宽大，但底层的副阶比前座的略小。

后座通过这样的处理，第二层可以放置佛像，有可环绕其行走的厅堂空间，并有空间放置连接第一层、第二层的楼梯，形象上，后座阁身面阔三开间、进深三开间加两侧及后部副阶，前后座的建筑风格保持一致。

前座结构采用穿斗式。阁深为三柱四步架，下层穿枋位于中柱的中部，向后连接后座阁身的檐柱和前金柱，上置楼枕和楼板，上层穿枋前伸承檐檩，向后伸出与后座阁身檐柱相连，承抬檐沟，并置斗拱与后座橑檐枋。在保证整栋建筑结构整体性的同时，又解决了排水的问题。

后座建筑尺度比前座的高大，显示其下的空间是该建筑的主角。结构采用抬梁式与穿斗式相结合。

大士阁的第二层平面是一个有功能分区的整体，呈“凸”字形。其中，前座部分为礼拜和观瞻空间，后座部分为神像和祀奉空间，设供奉观音大士像的神台和神龛，第二层室内空间较为低矮。

柱子为当地产的铁木，木柱是呈优美弧度曲线的梭柱，石柱础形象质朴，檐柱有侧脚。第二层采用格子窗做围护，构架用月梁，砌上露明造，屋角起翘，屋面微双曲，采用穿枋端头置斗、插拱等组合，共同承抬出跳的屋檐，传力合理并形成装饰效果。

副阶出檐的高低、大小略不相同，后座的尺度、装饰重于前座，整个建筑造型主次分明又变化丰富。同时，通过底层架空、设置副阶、控制建筑高度、屋顶坡度平缓、屋面使用厚重的辘筒瓦和红色板瓦底瓦、以石灰砂浆裹垄等办法来抵御台风和地震。

大士阁是一个进深大于面阔的建筑，但是通过合理的柱网布局、结构和装饰处理，前后两座歇山顶的高低组合，形成了形态丰富、造型玲珑、整体优美的效果，并在一定程度上适应台风、地震的不利影响，具有很高的科学和艺术价值。

大士阁

桂平寿圣寺

寿圣寺位于桂平市城区东南方向35千米处的麻垌镇佛道兼备的白石山上。寿圣寺始建于宋嘉祐三年（1058年），历十年而成，明正德年间修扩建，后历代均有重修。寿圣寺坐东向西略偏向西北，占地1826.5平方米。寺内佛像重塑于1988年，后殿破废，近年已经重修，其余各殿均保存较好，寺额为宋神宗赵顼敕赐。1997年3月19日晚，石牌楼被大风刮倒，现仅存基座。寿圣寺为自治区重点文物保护单位。

寿圣寺布局为三开间三进三路合院式，中轴线上依次为石牌楼（又称“仙宫牌楼”）、山门、钟楼、前殿、大殿和后殿，建筑台基依托地形由前至后渐次升高。中轴左右各有一路三开间的低矮耳房与山门及各殿并列，前后耳房之间设厢房、廊道连接耳房和各殿。中轴线上的院落空间相对舒朗，特别是大殿前的院落，而耳房的天井较狭小。建筑采用木构架与硬山搁檩相结合的形式。

石牌楼三间四柱五楼，以朱砂条石榫卯连接而成。四柱下两侧均设抱鼓石，额枋上有栩栩如生的八仙人物及奇禽怪兽等浮雕装饰。正面二重檐下正中刻“仙宫”二字，额刻“白石洞天”四字，落款“郡守卢陵伍典题书”。

寿圣寺剖面示意图

山门为面阔三开间、进深两开间、次间两层的建筑。前廊柱为砖砌圆柱，柱间及柱与山墙间以木枋拉牵。廊顶设船篷轩，以繁复的雕花博古梁架承托。大门为趟龙门，门前设抱鼓石一对。门旁墙上各开上下两窗，墙上沿饰彩画，山墙端头叠涩出墀头，承托前后出檐。屋顶用合瓦屋面，以绿色琉璃勾头、滴水剪边，封檐板雕刻精美，正脊、垂脊采用板瓦叠成。

山门后的天井中央设一钟楼。钟楼平面为正方形，边长 2.8 米，通高 8.2 米，采用穿斗式木构架，中悬铜钟。

钟楼后是前殿，面阔三开间，进深三开间，构架为插梁式（十一架前后廊式），前廊顶做轩。

前殿与大殿间为第二进天井，天井进深 8.5 米。

大殿是寿圣寺最重要、面积最大的建筑，面阔三开间，进深四开间加前廊一开间，前廊只有明间开敞（开敞部分的顶设船篷轩），连着四级石阶梯。次间正面砌墙，并设一大一小的开敞拱门，小拱门用于连接两侧廊道，大拱门上用砖砌镂空花窗，使建筑显得通透轻巧。明间后部凹进 2 米，形成后部檐廊空间。后门设于凹进空间的两侧墙上，在殿内明间靠后墙处置佛像，其余为礼拜空间。

大殿的内柱为木柱，下部为磨砖砌筑的圆形柱础。殿内用插梁式木构架，除脊檩外，其余檩条的截面皆为矩形。大殿屋顶用合瓦，以绿色琉璃勾头、滴水剪边。

后殿面阔三开间，进深三开间加前廊一开间，高两层，用于供奉佛像。前廊柱为方形砖柱，室内柱为方形砖柱与上部的木柱组合，砖柱高出第二层楼板，采用插梁式木构架支撑屋面。

寿圣寺选址体现了佛家追求雄伟壮丽之地修行的特点，寺庙对地形巧于因借，建筑布局紧凑、主次分明，建筑轻巧明快，反映了清代广西地域建筑的特色。

寿圣寺

天等向都万福寺

万福寺位于天等县向都镇中和村以北 500 米处，是依万福山建造的一座独特的佛寺。万福山孤峰挺拔，山形圆润，屹立在小盆地中，四周一片良田，河水流淌在山前田野中。山的西面有溶洞通至半山腰以上。登山洞可观赏开阔的田野、蜿蜒的河流、四周层叠的群山，洞内清凉宜人，是避暑佳地。

清康熙十一年（1672 年），当地群众因山洞建寺，取名万福寺，是广西唯一的悬空寺。1997 年，万福寺被列入自治区重点文物保护单位。

万福寺的主体是依万福山由下至上的三层溶洞分别建造的文武殿、观音殿和如来殿。此外，在山脚平地上建山门，各殿之间凿石梯（被称为“天梯”）联系上下交通，并在溶洞上层搭建悬空的木桥，以解决人们进入洞内观赏风景的交通问题。天梯旁的石壁上有“灵猴献桃”“狮子戏球”等雕像，距今已有 300 多年的历史。

山门五开间，于山脚，临公路，为两暗三明、黄墙红瓦的砖木结构硬山顶建筑。建筑立在青石砌筑的平台上，轻步登上九级青石台阶，进入山门中部三开间凹进形成的前廊入口空间，纤细的两根廊柱上刻有一副对联：“文笔纪春秋万古纲常昭日月，武

万福寺

功扶汉宋两朝义勇壮山河。”山门入口是朱红色木板门，门顶墙上悬挂“万福寺”匾额，门两侧刻对联“天道长存向来慈航度万众，等佛至诚都获尊祖降福音”。山门的后墙正间开一大圆门，门外是一斜坡小院，通往文武殿。

文武殿位于下层溶洞内，内供奉孔子、关公、岳飞等三个人物塑像。建筑面阔两开间，高两层，歇山顶，穿斗式木构架，上层可能是僧人寝宿间或眺望处。外筑弧形砖砌围墙，围墙墙基以片石砌筑，在大门两边对称地开设三组（每组七直孔）窗口。歇山顶屋面覆小青瓦，正脊上塑浮云、火球装饰，两端塑龙首吞脊。

观音殿位于洞的中层，由文武殿左上登天梯，由左次间入，内供观音菩萨像。殿面阔三开间，前部通过悬出崖面，以获得较为宽裕的祭祀和观景的地面空间。

如来殿位于洞的上层，可从观音殿右侧斜梯登上。如来殿与观音殿甚近，远观两殿似一个两层重檐歇山顶建筑。

如来殿的上方，是一个更高的、贯通山前后的石洞，有石阶梯和一个木制小桥通往。木桥因悬空搭在溶洞上部，故称“天桥”。从天桥进入山洞，可观山前后的风景，是万福山上观景之佳处。洞内石壁上留下了清康熙、乾隆年间不少石刻碑文。天桥旁的崖面有“南疆永固”石刻。

因万福寺在石窟中建造，故采用木制穿斗结构，这在广西乃至全国都十分罕见。寺和山洞中的石刻与历史遗迹，是研究清代南方壮族地区人文景观的重要史料。

梧州白鹤观

白鹤观位于浔江和桂江交汇口西岸、梧州市珠山白鹤岗南麓，坐西朝东，面向桂江。白鹤观所处之地丘陵起伏、林木繁郁，襟三江带五岭，含龙岭之仙气，挹江上之清芬，遥迎旭日升起，俯送水出东门。

白鹤观始建于唐开元年间，是道教供神、诵经、修道的场所。经唐咸通年间增修，清康熙年间重修，清光绪九年（1883年）重修，2001年再重修。现白鹤观占地面积3000平方米，建筑保存基本完整，为自治区级文物保护单位。

白鹤观的主体建筑由位于中轴线上的牌坊（新建）、山门、三清殿（主殿）组成。此外，在三清殿两侧分别设面阔一开间的三界殿（南面）及鹤仙殿（北面）。除山门外，其他建筑共同围绕着一个较宽敞的院落布局，三清殿与三界殿、鹤仙殿之间设狭窄巷道通往后山。院落两侧布置有廊庑，其中南侧廊庑的东端设地母殿，北侧廊庑的东端设养生池。

山门为面阔三开间的门堂式硬山顶建筑，明间开木板门。前廊檐柱为石柱，檐柱与两侧山墙用檐枋连接。前廊顶为船篷式轩廊，轩梁梁架与山门里的梁架一样，使用典型的圆作梁葫芦形瓜柱插梁式。山门正脊为博古脊，脊的两端是博古架，脊身上端中间是宝珠，宝珠两侧为鳌鱼，脊身是一组陶塑人物。山门垂脊为直带式垂脊，垂脊端头以博古收尾。博古端头另立墩子，左右分别设圆雕灰塑日神和月神。此外，墙的上端装饰墙楣画。

三清殿面阔三开间，进深三开间，设前廊。前廊形式与山门同，但相异之处在于檐枋，三清殿使用木直梁，是清代早期的建筑特色之一。殿内明间梁架为插梁式，做法与山门完全不同，梁虽然还是圆作直梁，但梁与梁间不再用葫芦形瓜柱承托，而是用柁墩。因为三清殿的屋顶坡度平缓，梁间距更小，所以使用柁墩更适宜。殿正脊用博古脊，垂脊用大式飞带式，垂脊在脊顶相交

白鹤观

白鹤观三清殿剖面示意图

呈山峰状、脊底端头转成卷草向上翘，端头设一小彩狮，墀头为简单的一幅式，内有灰塑浮雕。墙的上沿装饰墙楣彩画。三清殿的封檐板被雕刻成织物褶皱、垂坠的式样，是桂东、桂中地区建筑常用的手法，显示了本土特色。

总体而言，白鹤观从木构架到装饰，从屋脊到柱础都显示了岭南建筑的特色。

容县真武阁

真武阁位于容县县城容州古城的东南、绣江北岸的经略台上，建于明万历元年（1573 年），原为明代容县的道教宫观——武当宫的最重要建筑，是为奉祀真武大帝而兴建。真武阁与岳阳楼、黄鹤楼、滕王阁合称“江南四大名楼”，是唯一没有被推倒重建而完整保留至今的天下奇楼，1982 年被列为全国重点文物保护单位。

真武阁的创建与道教文化在本地的传播和流行密不可分。相传明代初期，燕王朱棣发动“靖难之变”时，真武大帝显灵助其夺得王位。朱棣即位后，封真武为“北极镇天真武玄天上帝”，并大规模修建武当山的宫观庙堂，在天柱峰顶修建“金殿”，奉祀真武大帝神像。“武当”之名取自“非真武不足当之”。明朝上至帝王，下至百姓，真武信仰蔚然成风，各地广修真武庙。

真武阁建于经略台上，相传此台在唐大历年初建造。后来很快弃用，改在台上建武当宫。如明代梁珮撰文的《嘉靖武当宫碑》（1552 年）所记：“鲎殿因建内垣而东，一山孤起高拔，占候方隅，居青苍七宿，为魁山甲巘之吉曜焉。唐季置经略台于上，寻废，改建武当宫。……匝厥麓，梯厥磴，入厥阈，陟厥堂，而肃容以临宫。”

这段文字的大意：鲎殿建在（容州）内城墙的东边，那里有一山拔地而起，站在上面可以观察四方天象变化，它处于东方青龙七宿的范围，是大山落脉出的小山，属于吉星。唐代在山上建经略台（台上可能有建筑），不久被弃用，后改建武当宫。……开采山脚四周的石块，砌筑石阶梯，经过石门槛进入，登上门堂，整肃仪容后，来到武当宫。

明代的碑刻表明，明万历元年（1573 年）以前的容县武当宫是一组有门堂、寝室，集祀神、炼丹、修道功能于一体的场所。民间对真武大帝的信仰和崇拜早已有之，可能在唐末宋初，经略台上就有道教设施和活动了。

早在唐宋时期，容县所在的容州是岭南地区的二级行政区，绣江是中原通往合浦港、交趾郡的重要水上通道，容州古城是这个通道上的重要城市。宋代名将李纲、大文豪苏东坡、明代地理学家徐霞客都曾经过容州古城并停留。据史料记载，容州古城内墙东门往南可便捷通达绣江北岸码头，这里舟楫往来频繁，在码头和东门之间，有隆兴寺、武当宫等佛、道两界建筑，保佑人们出行安全。

民间认为真武大帝有降妖除魔、消灾祈福等神力，可保佑风调雨顺、水路畅通及人们安居乐业、升官发财等，因此武当宫当时游人香客云集，香火很盛，其后屡有扩建或重修。

但明代的容县官员和绅士觉得以前的武当宫修建得不够完备，为“利于仕”“祀北帝镇离火”，至明万历元年（1573 年），筹集资金，筑夯土扩台基，在台上创建三层楼阁，阁的底层内安置了神像和钟、磬、鼎、炉，并修建了廊舍、垣墙、厨房，形成了一个较大的建筑群。清代《容县志》的城郭图反映了这一图景。

至中华人民共和国成立初期，容县武当宫的主体建筑是位于主台前的大门和主台上前殿、真武阁及其之间的厢房所组成的院落式建筑，而在副台（比主台矮两个台阶）上，则可能是道士居住、炼丹、庖厨等的附属用房。当时，前殿比真武阁略宽，为清水砖墙的硬山搁檩式，船型屋脊，垂脊有走兽。真武阁的底层在东、西、北三面砌筑砖墙至梁底，与阁第二层、第三层轻巧欲飞的风格形成强烈的虚实对比。

20 世纪 50 年代，除真武阁外，台上的其他建筑、阁底层的砖墙、神像均被拆除，在阁的南面、主台的南端建一座门亭。这就是我们今天所见到的真武阁全貌。

俯瞰真武阁、门亭和绣江

真武阁正面图

如今真武阁是一个底层架空的三层楼阁式建筑。其他建筑拆除、道教建筑的面貌摘掉以后，真武阁神奇的结构和造型特色才真正完整地展现在世人面前。

真武阁为阁身面阔三开间，进深一开间，加副阶周匝，从而底层面阔 13.8 米，进深 11.2 米，建筑高 13.2 米。结构采用混合式木构架，全楼上下采用近 3000 条大小不一的木构件构成，通过榫卯连接成为整体。楼阁第一层有落地柱 20 根，坐落在经略台石柱础上。第二层有 4 根大内柱，穿过第三层楼的楼板直达上

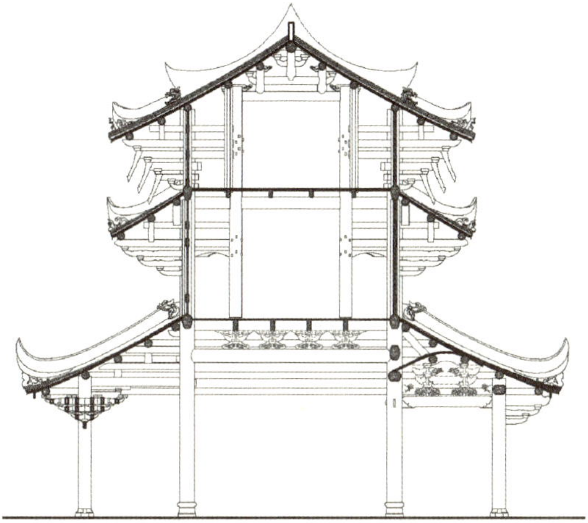

真武阁剖面示意图

层，与阁身檐柱、穿枋、短瓜柱、斗拱等共同承抬楼板和第二层、第三层的沉重荷载，但柱脚却都悬空不落地（现离地板有 2 厘米左右的距离）。此被视为整座楼阁最精巧、最令人惊叹的部分，梁思成先生称之为“神奇的杠杆结构”。

真武阁的柱网布置合理，结构严谨，装饰大气有特色，历经 400 多年的历史沧桑，历经无数的地震、台风，至今安然无恙，被称为“天南奇观”“天南杰构”。

恭城武庙

恭城武庙又称“关帝庙”，始建于明万历三十一年（1603年），清康熙五十九年（1720年）重修，清咸丰四年（1854年）毁于兵燹，清同治元年（1862年）再度重修。1984年广西壮族自治区人民政府拨款维修，并将其列为自治区重点文物保护单位。

武庙位于恭城瑶族自治县印山南麓右侧，印山南麓左侧为文庙，文、武两庙把印山一山分二脊，一东一西，相隔约50米。在中国传统里，左为东、为阳，东方主生，为尊，故为文庙，以示崇文；右为西、为阴，西方主杀，为卑，故为武庙，以示抑武。因此，恭城左文右武的文、武庙布局正是对中国传统空间观念的诠释。

武庙建筑群占地面积2100平方米，建筑面积1146平方米，坐北朝南偏东45°，在南北轴线上自南向北依次布置着戏台（演武台）、雨亭、前殿、正殿、后殿。在前殿及正殿前左右两侧对称布局着厢房及配殿。

武庙戏台与前殿、正殿相对，是祭祀时表演节目以酬神的地方，因此其台基高于正殿，保证正殿关公像的眼睛可以正好看到戏台的表演。台基四周以石枋围护，使台基的高度增加，但这样高的戏台原是不设固定台阶的，据推测可能与其演武功能相关。

武庙戏台从观演角度看为三面观戏台，单层全伸出式，重檐歇山顶。扮戏房为面阔三开间的硬山顶建筑，扮戏房与戏台的屋顶通过勾连搭的方式相连，沿戏台第二层屋顶的垂脊设天沟排水。戏台金柱为通柱造，直通顶层，金柱间为穿斗式木构草架，被其下的斗八藻井遮蔽。斗八藻井位于四根金柱间，分三层向上层层收缩，层与层间用鹤颈状弯曲的覆水椽及井壁木板，形似向下绽放的喇叭花。戏台地板底曾安放 36 口水缸，当台上敲锣打鼓时，声音由水缸从不同角度向上反射，集中在藻井中产生共鸣，可扩大音响，使声传十里之遥。

戏台前是供民众观演的雨亭，通透的雨亭可遮阳避雨，呈现了岭南观演空间通透的特点。

雨亭之北是武庙前殿，面阔五开间，采用门廊式大门，其上设鹤颈轩棚，以夔龙纹梁架支撑，与廊柱、檐柱交接处有镂花雀替装饰，其前端则卯进石质檐柱内。前廊内两侧墙体即廊心墙上沿装饰弧形的黑地白纹墙楣画，与正殿梢间前墙上沿的墙楣画及其上的枭线檐口相对应。前殿明间、次间使用广府式插梁木构架，前檐柱与后金柱间由五个葫芦形瓜柱和圆作七架梁、五架梁、三架梁组成，为下沉式葫芦形瓜柱插梁木构架，脊檩由如意纹柁墩和倒置的如意纹驼峰支撑。后金柱与后檐柱间使用非常考究的驼峰斗拱，后檐的双步梁和单步梁为圆作月梁，在高于榫厚的梁身部分刻出梁肩和梁曲线项，具有装饰性，其中双步梁出后檐柱后为扁矩形（扁作直梁样），直接承托檩条。梁（枋）头均雕刻成龙头式样，较前廊更具气势，究其原因，概与关公视线相关，让其所见之处的装饰等级更高，气魄更足。

正殿为 1984 年重修时所建，其木构梁架仿后殿。后殿建于一隆起的平台上，面阔五开间，进深十二步架，硬山屋顶。明间用插梁式木构梁架，梁为圆作梁，使明间、次间相通，梢间用砖墙与明间、次间相隔，以砖拱门相连，形成独立的空间。室内隔墙及山墙上沿装饰黑地白纹的假博风。

恭城武庙戏台西面

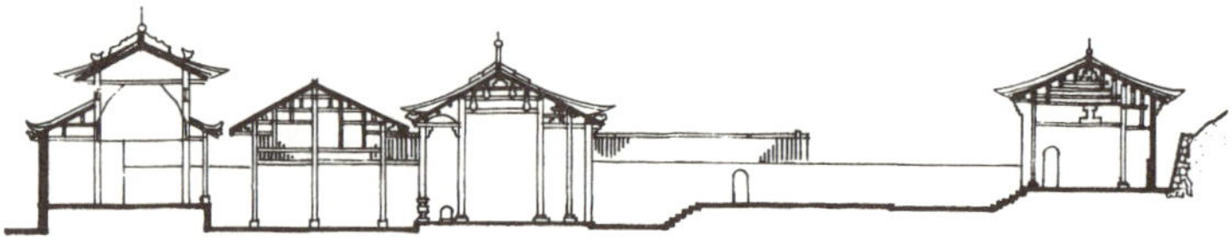

恭城武庙剖面示意图

灌阳关帝庙

灌阳关帝庙位于灌阳县灌阳镇解放路，占地面积约511平方米，始建于明万历四十八年（1620年），历经明天启三年（1623年）、清康熙三十五年（1696年），还有清乾隆、同治、光绪年间及1995年、2002年、2008年修缮，现保存比较完整。

关帝庙坐北朝南，为两进三座的建筑组群，建筑中轴线上依次布置前殿、大殿和后殿。前殿、大殿为猫儿式硬山顶建筑，后殿为“人”字硬山顶。整组建筑通进深约33米，主要使用穿斗式及混合式木构架。

关帝庙临街而建，前殿之前建马头墙式硬山亭子，两侧山墙开拱门，供来往行人出入。拱门上饰题字框和马头墙式门罩，使山墙面具有了牌楼的意象，加强了关帝庙前空间的仪式感。亭子面阔三开间，进深一开间，用插梁式木构架，以短柱承接檩条，使亭子获得开敞的、易于通行的统一空间。

关帝庙前殿面阔三开间，进深三开间，用四柱，高7.7米，穿斗式木构架。为了获得较大的参拜空间，中柱不落地，明间前金柱后移，前檐柱和前金柱间设较厚的穿枋以承托中柱及中柱之前的屋顶荷载。前金柱柱径较前殿其他落地柱大，并在明间两金柱间的额枋位置饰一排如意斗拱，在增强结构整体稳固性的同

时，衬托了前殿内部分空间在仪式中的重要性。此外，在后金柱间设屏门，以前应在此位置立供人参拜的神像。为了使神像前空

● 灌阳关帝庙大殿正面

● 灌阳关帝庙俯瞰

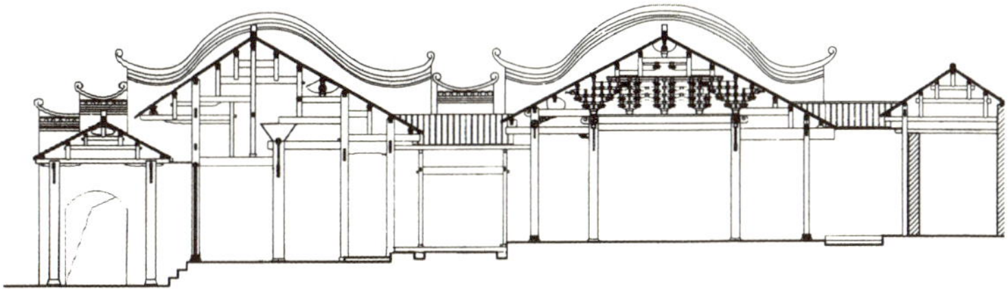

灌阳关帝庙剖面示意图

间神圣化，除前金柱内额用如意斗外，还在前后金柱间的正上方檩条下设粗大的随檩枋。随檩枋以大斗承托，并在该檩条与随檩枋间设梁枕木扶持脊檩，这采用的是大殿脊檩的做法和形制，进一步烘托此空间的神圣性。

关帝庙大殿是该建筑群中最重要的建筑，面阔三开间，进深三开间，高 7.8 米，其四金柱间是最神圣的信仰空间，因此在其上方设藻井。藻井四周对称布局“品”字科斗拱，其中平生科三攒立于梁及内额上，之间以形似鸳鸯交手拱的 W 形弯枋相连；藻井为平綦天花，其上原绘彩画；梁及内额下设镂花雀替。这些精美、繁复的装饰都衬托出此空间非同寻常的地位。建筑空间是一个缩小的宇宙，它要体现群众的信仰、信众的愿望、宇宙的秩序，是庙中主神视线范围内的重要空间，因此即使是其藻井上不被信众看见的草架也依然做得一丝不苟，精美的梁枕木、以大斗承托的硕大随脊枋、形似插拱的上衔小斗的龙头短枋等都强调了信众内心崇高的精神宇宙。

后殿面阔三开间，进深一开间，高 6.6 米，主要供奉关帝的祖先牌位，因此整体较为简洁、朴素。

邕宁五圣宫

邕宁五圣宫位于南宁市邕宁区蒲庙镇团结街，以奉祀北帝、龙母、天后、伏波、三界“五圣”而得名。该宫始建于清乾隆八年（1743年），于乾隆五十九年（1794年）、光绪十二年（1886年）两次重建，2004年11月整体维修。五圣宫坐南朝北，三路一进（两殿）式，共六座建筑，建筑面积484平方米。中路中轴上为庙门、拜亭、正殿，正殿内供奉北帝；左路两殿供奉龙母、天后；右路两殿供奉三界、伏波。北帝即玄武，为中国古代神话中的北方之神，后为道教所信奉，其形象为龟蛇合体，亦称“水神”，为求财求福者所崇拜；龙母为广西梧州和广东悦城一带信奉的神，天后即福建和台湾一带的妈祖，两神被奉为长寿与孝老护幼的象征，也尊称为“送子娘娘”，故为求子续后者所顶礼膜拜；三界乃本地民间之神，伏波即伏波将军马援，东汉建武年间的猛将，被奉为驱邪避凶之神，民间信奉三界、伏波，希望安全无患，保家平安。五个毫不相干的“尊神”同列一庙宇供奉，而且他们还和睦共处享受了数百年香火，这在全国都是极其罕见的。

五圣宫门厅面阔三开间，进深带前廊，前廊设两塾台，为一门两塾制，这是桂东南、桂南等受广府文化影响较深的地区门堂式前堂通常采用的做法。前廊梁架为扁作月梁式，但不做梁肩、梁项，仅在梁下凹进；月梁上为夔龙纹梁架，其上雕历史人物故事；月梁梁头榫入方形抹角石质檐柱，一般不出头，出头部分用石梁头，石梁头上雕刻生动的人像。石檐柱与山墙间设石虾弓梁及石金花狮子，虾弓梁下设石雕雀替。门内梁架为插梁式，沉式瓜柱做法，用瘦长形瓜柱。后檐柱前方，与大门相对处设屏门，使门前往来之人不能轻易瞥见神像，达到内外有别、空间分割的作用，平时关闭，举办重大仪式时开启。门厅屋面正脊为两层式博古脊，脊两端是高高的博古，脊身分上下两层，下层划为若干个画框，里面饰以历史人物、瑞兽及花鸟，上层饰亭台楼阁、大小人物，脊中央为宝珠，两侧为高浮雕双龙，构图极富层次；垂脊为直带式，其端部化为博古，前面立日神像和月神像。

五圣宫正门

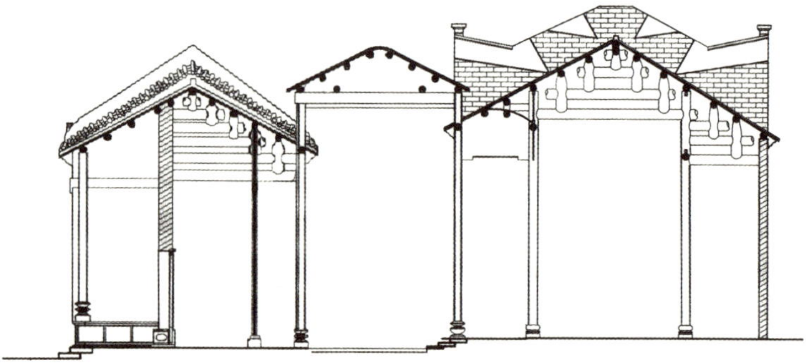

五圣宫剖面示意图

中路门厅和大殿间设拜亭，拜亭面宽与山门明间相同。拜亭檐口高出门厅、大殿屋顶，这为拜亭获取了充足的采光空间。拜亭采用卷棚式歇山顶，用蝙蝠状花板承托檩条。

大殿面阔三开间，进深三开间，高 8.1 米，用插梁式木构架，沉式瓜柱做法，瓜柱形式也为瘦长形。檐柱与金柱间设船篷轩，轩梁为扁作月梁，月梁厚于榫厚的部分向下弯曲，做成虾弓梁状，不做梁项，其上用双鲤鱼博古架承托檩条。在装饰上，大殿山墙用两头起翘的方耳山墙，屋面铺绿色琉璃瓦；明间前金柱饰木雕飞罩；前金柱与山墙间设透雕横坡；殿内七架梁下用雕花雀替；金柱之前的山墙内上沿装饰分画框的彩色墙楣画，金柱内的山墙及后墙上沿用黑地博风样墙楣装饰；封檐板、墀头、墙楣画等与门厅做法一致。

东西两路建筑与中路间隔以巷道。两路建筑面宽较窄，用硬山搁檩式梁架，装饰等也趋于朴素。

富川百柱庙

百柱庙又称“马殷庙”“灵溪庙”，位于湘桂交界的富川瑶族自治县朝东镇油木村，是祭祀五代时期马殷的庙宇。马殷是五代十国时楚国第一代国君，于唐乾宁元年（894 年）随军入湖南，后成为主帅，统一湖南，由于战功赫赫被任命为武安军节度使。朱温建立后梁时，马殷被封为楚王。后唐灭梁，马殷建国承制，并采取一系列政策保持楚国的独立、地方的安宁和经济的发展。五代时期，富川属后楚，马殷曾率兵平定富川一带的匪患，将部分随从留下来建立地方政权，推行仁政，使民众安居乐业，福溪村中蒋姓始祖就是其中一脉。到了宋代，周、唐、何、陈、廖等姓的瑶族祖先先后到福溪村安居，他们为了赞扬马殷的军威、德行，于明永乐十一年（1413 年）立庙祭神，明弘治十二年（1499 年）立全木构大庙于灵溪河畔，清嘉庆十一年（1806 年）重修，清同治六年（1867 年）扩大庙宇的规模。

百柱庙坐东南朝西北，背临溪水，庙内因采用 120 余根贵重的格木大柱而称“百柱庙”。百柱庙通高 5.5 米，通面阔七开间，通进深七开间。大殿由几座单体建筑通过勾连搭的方式组成一个整体。这几个单体建筑包括：①一北一南两座面阔七开间、进深三开间的殿堂（正脊跌落一次的假歇山顶建筑）；②北、南殿堂前东、西、中部的廊子。其中，北殿堂（前殿堂）前的廊子与北殿堂通过勾连搭的方式连在一起，形成“凹”字形的入口空间。“凹”字形的伸出部分（即廊屋），在其后墙各开一个门，使民众可以从侧面进入大殿，不与正前方戏台上的酬神表演相冲突。

北殿堂与南殿堂之间设三段廊子，一段位于二者间的明间位置，以两山墙与前后殿屋顶交接，形成类似宋代兴盛的“工”字殿。此廊的屋顶正脊跌落一次，低层屋顶与南北大殿屋顶相交，设天沟向小天井排水，并利用廊子跌落式屋顶间的高差形成气口，改善室内的通风、采光。另外两段分别位于二者间的梢间、尽间位置，相当于二者间的厢房，其屋顶不再跌落，正脊高度与中间廊子低层屋顶相同，屋脊与两殿低层屋顶的垂脊连成一体。这样两座殿堂和它们之间的三段廊子就形成了两个四水归堂的小天井，对称分布在中间廊子的两侧。

百柱庙正立面

因此，百柱庙实质上是一组建筑群，但由于单体建筑尺度大、间距小，屋顶又都搭接在一块，人们很容易迷失在柱子密集的建筑内，在视觉及心理上形成一座大殿的意象。

百柱庙的梁架繁复而精美，是广西古建筑木构架中的杰出代表，其中又以该庙明间梁架为甚，既遗存了《营造法式》或江南地区的古老做法，也反映了广西古建筑与长江流域古建筑木构架、形制间的联系。百柱庙明间梁架由北殿堂明间的梁架、南殿堂明间的梁架及二者间“工”字廊的纵向构架组成。

百柱庙明间梁架采用扁作月梁式，梁肩有卷杀，梁底向上拱起，梁项为斜线（在月梁上形成扇形图案），梁下设雀替式梁垫，梁项处理成卷草状穿出柱外，月梁整体饱满有力而不失装饰性。宋代以前，中原等级较高的建筑中，其露明梁袱多用月梁式，在明清官方建筑中多不采用，但在岭南和江南的官方或民间建筑中却沿用至今。百柱庙的月梁做法是广西现存建筑中最为接近《营造法式》的，梁身中部平直，仅于梁肩做卷杀，入榫高度约为梁身中部高度的一半，斜项为直线，但与《营造法式》规定相左的有两处：一是百柱庙梁断面的高厚比大于《营造法式》的规定；二是斜项的长与梁底凹进部分长度之比也大于《营造法式》的规定，因此梁的整体更薄，梁项更长，其与梁底的角度更小。另外，这样的扁作月梁式还用于阑额，成为入口的主要方式。

百柱庙明间梁架还采用了拱背式劄牵。拱背式劄牵民间又称“水束”，是头大尾小，形状犹如拱背的特殊扁作月梁，一般只是一步架，《营造法式》中将一步架月梁称为“劄牵”。这种形式的劄牵最迟在元代江南一带的木构架中已经使用，如浙江武义延福寺大殿。从拱背式劄牵在构架中的位置和作用来看，它应该是托脚和劄牵相结合的产物。其拱背的形式在江苏、浙江、湖南、江西、福建、广东等省份都有使用，究其原因，可能是受岭南和江南水文化的影响，但在各省份间的用法又有一定差异，如江西的拱背式月梁跨度为二架梁，有拉牵和承重的作用；广东潮汕地区的拱背月梁喜平置，只有一架梁的拉牵作用，但无斜撑的作用。百柱庙的拱背式劄牵与福建、广东西部地区的相近，都为一架梁，斜向设置，同时起到类似托脚的斜撑作用和一架梁的拉牵作用，但较其他两个地区的更扁一些。为了增大蜀柱与梁之间的节点面积，减小压强、增大摩擦、增添装饰性，百柱庙明间梁架采用驼峰和圆斗的组合。驼峰呈卷草花纹式钝角三角形状，其上置圆形的异形斗，二者结合共同支撑其上的短柱。其中圆斗这种类型在北方很少出现，但在岭南地区最迟在唐代便已运用，是具有地方特色的构件。但在广西，这种驼峰加圆斗的做法仅富川地区有运用。另外，百柱庙南殿明间的插梁梁架中的蜀柱下使用平盘斗（类似于圆斗的垫块），其作用是增大蜀柱与梁的接触面积，并有一定的装饰作用，次间及边贴的穿斗式木构架则不用。

百柱庙明间梁架在檩枋的交界处还采用了等级较高、较精美的驼峰斗拱。驼峰斗拱以蜀柱或驼峰作底，并与檩条相平行，以减小檩条的跨度，并构成倒三角形，加强对檩条节点的支持作用。

百柱庙南殿次间，南、北殿梢间、尽间，以及南殿前两廊、北殿前两廊都用典型的穿斗式梁架。梢间、尽间面阔都很窄，为了获得相对宽些的室内空间，梢间梁架用三柱落地（中柱和檐柱）的减枋跑马瓜式，柱与柱之间的跨度达到四个步架。尽间其实就是南北两殿歇山屋顶的两山檐柱（檐柱架在槛墙上），在檐柱与梢间落地柱、瓜柱间的纵向穿枋上（与面阔方向平行的穿枋）设瓜柱支承歇山山面屋顶荷载的檩条（与横向梁架平行的檩条）。南殿梢间中柱与后檐柱间（相当于后金柱位置）的长瓜柱下端设一长枋，斜向穿过尽间檐柱支撑歇山屋顶的翼角。翼角并不依靠子角梁等起翘，而是采用挑檐檩上加升头木的做法，这是当地少数民族建筑（如侗族鼓楼）中常用的手法，虽翼角起翘不高，但充满地域特色。

总之，百柱庙明间与北殿次间木构架采用插梁式，南殿次间梁架与梢间、尽间梁架采用典型的穿斗式，既有插梁式空间跨度大、利于集众祷告的优点，也有穿斗式木构架抗风性、抗震性强的特点，是少数民族建筑技艺与汉族建筑技艺相结合的经典案例。

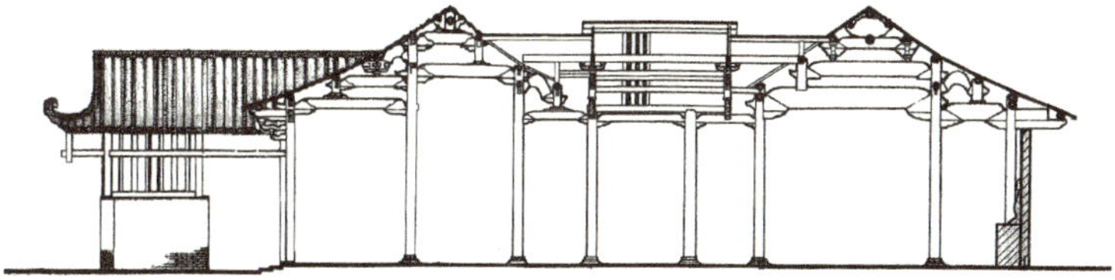

百柱庙明间剖面示意图

横州伏波庙

伏波庙位于横州市东北约 28 千米的云表镇站圩村公所东南的郁江乌蛮滩（又称“大滩”）的北岸，是纪念东汉伏波将军马援的祭祀性建筑群。据相关记载，该庙始建于东汉建初三年（78 年），之后历代都有修葺。据庙内石刻碑文记载，该庙在明万历三十年（1602 年），清乾隆十二年（1747 年）、乾隆二十一年（1756 年）、乾隆五十五年（1790 年）、道光元年（1821 年）、道光三十年（1850 年）、同治十二年（1873 年）都进行过大规模的修缮。清光绪十七年（1891 年），光绪帝御赐横州伏波庙“铜柱勋留”匾。现存建筑基本为清代风格。

伏波庙背靠百足岭，南临郁江，是一组依山傍水、坐北朝南的建筑群。伏波庙依山就势，沿着偏东的中轴线依次排列着牌坊（已毁）、前殿、祭坛、正殿、后殿（已毁），其中祭坛和正殿是建筑组群的核心。

庙门设台基两层，第一层台基为包台基月台形式、方正石台明，正面设踏道，踏道两侧为钟鼓亭。钟鼓亭采用单檐歇山顶亭子，立于墩台上，墩台开拱门设楼梯向上。亭子翼角通过生头木的设置翘起，加上其上底部翘起的戗脊，有舒展欲飞之势。第一层台基之上又设一层正坐月台，但两者间的高差仅有 10 厘米，其上立三开间四柱三楼牌坊（原牌坊已毁）。

前殿面阔三开间两耳，左右各加一客房，使前殿远看似一座面阔七开间的宏阔建筑，但《大清会典》中有规定，亲王才可使用面阔七开间的建筑，为了避免逾制，匠师一是将客房缩进，二是将耳房和客房的正脊依次降低。前殿本身为面阔三开间带前廊的建筑。其中，前廊进深三步架，因此门设在脊檩之前的位置，门与栋分离，是不分心的构架方式，使前后梁架数不一致，这种方式大体在清代中期出现。门采用麻石门框，前不设抱鼓石。前殿檐柱均为方形抹角石质柱，檐柱与山墙间用虾弓梁连接，梁上装饰驮金花的狮子。前廊梁架使用截面接近圆形的月梁，月梁端头以矩形截面榫入柱身，月梁不做梁肩，下做曲线梁项，梁底略微上凹，并以花草图纹装饰。四架梁上置柁墩、大斗，大斗上为两跳斗拱，以大斗直接承托梁，梁上置第二层拱。第二层横拱（顺梁方向）为异形拱，上承S形鳌鱼水束，第二层纵拱（顺檩方向）上设替木承檩条。前殿后跨进深（门内进深）四步架，其构架方式与前廊相同。前殿两侧为耳房，东耳房为福德祠，西耳房为少侯祠。

过了前殿便是祭坛，祭坛实为正殿前的正坐月台，正面及侧面三出踏跺。

正殿坐落在石构栏的方正石台明上，面阔五开间，进深五开间，高7.4米，显示了正殿较高的等级地位。正殿明间使用插梁式木构架，次间使用中柱落地的穿斗式木构架。明间前廊木质方檐柱直接立在勾栏的望柱柱头上，下端有精美雕刻，檐柱与前外金柱间以扁枋相连，下有雀替。前外金柱、前金柱、后金柱及后墙间以截面近圆形的月梁相连，底层梁底刻浅浮雕椀花图纹。梁上使用单跳驼峰斗拱。脊檩由蜀柱承托，蜀柱上端雕刻成莲花斗状，并设两层梁枕木，下层为斗拱形，上层为三角花板形，具有较强的装饰性。脊檩下设随脊枋穿过蜀柱，与次间梁架相连。

正殿通过西侧的侧廊进入后殿，后殿为面阔三开间的娘娘庙，原建筑已毁，现存为近期重修之建筑。

此外，前殿、正殿间设面阔三开间的东、西厢房，厢房为硬山顶式，设前廊，前廊屋面上有雕刻精美的女儿墙。女儿墙中间是三幅灰塑浅浮雕画，中间的为人物雕塑，两侧为花鸟雕塑。三幅灰塑浅浮雕画两侧则采用绿色琉璃花窗，极具装饰性。

伏波庙全景图（从东南角看）

伏波庙剖面示意图

桂平三界庙

三界庙位于桂平北部，距城区 25 千米的金田镇新圩（又称“大宣圩”）中心街口，始建于清乾隆五年（1740 年），历代均有小修或重修，现存为清代遗物。三界庙是两路一进三开间的建筑，东路是建筑的主轴，依次布置庙门和大殿，两座建筑均采用镬耳硬山顶，用别具广府风味的插梁式木构架。

庙门面阔三开间，进深三开间，带前廊，高 6 米，门墙与前檐柱间进深仅两步架，门墙与后檐柱间进深八步架，形成强烈不一致的内外空间，且前廊梁架装饰华美，后檐梁架则是简洁的瓜柱式梁架。

前廊檐柱为方形抹角石柱，柱子与山墙间以较粗的石虾弓梁连接，梁下设石雀替，柱础为典型的广府式方块状柱础，显示了此建筑与广府式建筑间的亲缘关系。前廊不设轩棚，直接将梁架暴露出来，因此无论梁还是其衔接上下层的驼峰、斗拱等都做工考究、精美。前廊的梁为圆作月梁，厚于榫厚的部分做卷杀，呈梁肩状，下做曲线梁项，既加强了结构，又不失梁肩卷杀的美观；底层梁底刻浅浮雕椀花图纹，其上两层梁仅刻出画框，里面不饰纹样。为了显示建筑的等级，在前廊四架梁上置驼峰斗拱、替木承托其上的三架梁和檩条。驼峰上的大斗直接承三架梁，三架梁梁头做斗口跳，并在其翘起的端头设莲花小斗支承花板水束。这样驼峰大斗上便是一朵单跳斗拱，其中心及三个拱头上各置一斗，使驼峰斗拱在面阔面位置呈一斗三升状。三架梁、二架梁也如法炮制。

庙门内木构架清晰、简洁，为广府沉式瓜柱梁架，梁为圆作，自上而下沉入葫芦状瓜柱中，梁头浅浮雕涡旋纹。特别的是，在四架梁上架一条粗大的通长牵枋，加强山墙与梁架间的联系，此牵枋上设短柱与脊檩相连，起到辅助脊檩承托其上高耸、厚重的石湾正脊的作用。

庙门与大殿间的天井两侧设廊子，廊子梁架为大回纹式，在回纹梁架上设小垫板承托檩条，有抬梁意象。

大殿面阔三开间，进深三开间，高 7 米，插梁式木构架。殿内梁架构架方式及造型与庙门内梁架同，均为广府沉式瓜柱梁架，也设通长牵枋加强联系和辅助承托正脊；不同之处是，大殿前廊用船篷轩，其下月梁式轩梁的梁肩、梁项部分雕刻成了相对吞梁的龙头，其上用驼峰斗拱承托上层轩梁及檩条。其中斗拱为两跳，在小驼峰上的大斗上直接承梁，梁上承接第二跳斗拱。顺檩方向上第二层纵拱较第一层长，第二层横拱则为具有装饰性的枫拱，其纹样与上层轩梁端头相近，与龙髯相映衬。此外，从石质檐柱上端设一斜向圆枋，穿过轩棚插入金柱七架梁下，起到托脚似的斜撑作用，这在广西是极其罕见的。金柱下为高约 90 厘米的瓶状柱础，造型别致，体现了地方特色。

从立面上看，三界庙的镬耳式山墙和石湾屋脊均繁复而华

三界庙正门

三界庙正门背面

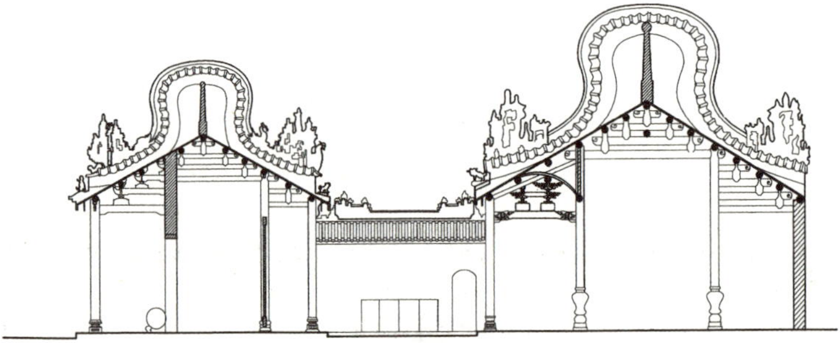

三界庙剖面示意图

丽，其手法和用材均体现了清代中后期的广府式建筑装饰的特点。硬山屋面盖筒瓦，端部以绿色琉璃勾头，滴水剪边，镬耳山墙。正脊为华美、热闹的博古式石湾陶塑屋脊，陶脊在上，灰塑在下，灰塑部分分为若干个画框，里面饰以历史人物、瑞兽及花鸟；其上陶脊部分饰亭台楼阁、大小人物，色彩鲜艳，构图极富层次。脊中央为宝珠，两侧饰鳌鱼。此外，庙门和大殿檐下都有雕刻精美的封檐板，封檐板雕刻成随风摇摆的织物样，上有图案化的花纹，这种类型的封檐板在桂东、桂东南一带较常见。

恭城周渭祠

周渭祠位于桂林市恭城瑶族自治县恭城镇太和街，是为了纪念北宋时期清正廉洁的恭城籍官员周渭而建立的祠堂。祠堂是一组坐北向南的建筑组群，由南至北在轴线上依次布置着戏台、门楼、大殿、后殿，但戏台、后殿已毁，现仅存门楼和大殿。周渭祠于 2006 年被列为全国重点文物保护单位。

周渭祠门楼是面阔五开间的歇山顶建筑，明间、次间开门，门楣上设两颗门簪，明间大门中槛上还饰以镂花木横坡，次间则仅设一块小花板连接天花枋。门框立于中柱位置，两梢间为塾房。明间四金柱位置升起一歇山顶小阁，这是全庙建筑的精华。支撑歇山顶小阁悬挑部分屋檐的是伸出柱子的梁头，但檐下装饰了极其繁复的蜂窝状如意拱。如意拱全部以斜拱相互交错连接，连成一个连续不断的 U 形整体。与其相呼应，梢间的檐子除叠涩而出的菱角牙子外，其下还设一排小华拱支撑出跳的菱角牙子。门楼屋面华丽，明间屋面铺绿色琉璃筒瓦，屋脊、檐口两端都做升起。正脊为卷草脊，脊身有浅浮雕灰塑花草，脊上设鳌鱼及宝珠；垂脊和戗脊较朴素，但小阁垂脊端头设狮子作为垂兽；设素平木质山花保护屋顶梁架，设木博风及木悬鱼保护屋顶檩条。

门楼前廊明间不设天花，次间设素平天花，因此明间梁架装饰尤为华丽、繁复：明间前廊用扁作直梁，梁端头贴花板；梁上以云纹花板承托檩条，花板中刻鳌鱼和仙鹤；梁下为异形贴花式月梁，梁身是双狮（东侧反面是双凤，西侧反面是凤凰和麒麟），梁肩上是含珠相对的鳌鱼头，梁下是一对镂花雀替，雀替的曲线和月梁下端上弯的曲线融为一体，共同形成了美丽的廊下飞罩；伸出廊柱的直梁下则装饰鳌鱼和雀替。此外，前廊牵枋、天花枋都用装饰性较强的扁作月梁，无梁肩，梁底上凹，阴刻梁项；牵枋下设镂花雀替，其上以镂花板连接月梁式天花枋。

● 恭城周渭祠门楼

门楼金柱以内都设素平天花，但明间天花因小楼阁之故，特别高敞，通间明亮；两次间则相对低矮。前廊的直梁沿进深方向一直通到后檐柱，其下后金柱与檐柱间设夔龙纹飞罩，伸出后檐柱部分依然饰鳌鱼及雀替。后檐柱牵枋、天花枋装饰与前廊同。前廊两侧山墙饰漂亮的墙楣彩绘。

周渭祠大殿面阔三开间，进深五开间，为灰瓦硬山插梁式，三间均设雕刻精美的隔扇门。前廊进深三步架，用扁作直梁，梁身贴夔龙纹（出廊柱部分贴双麒麟纹），梁上以栩栩如生的镂花木雕狮子承檩，梁头下的雀替有一品当朝（东）、加官晋爵（西）人物主题雕刻。门内大梁用扁作月梁，但这种月梁仅在梁底做弧线上凹，梁肩和梁项均是隐刻而成。除后外金柱与后墙间以瓜柱承檩、以枋拉牵外，其余皆以夔龙纹大花板承托檩条。为了显示空间上等级的微妙区别，两内金柱间的月梁梁身隐刻三角形刻花包袱，檐柱与前金柱间的月梁则仅在梁身贴木花草纹。大殿屋面相对门楼而言，则较为朴素，正殿正脊用博古脊，垂脊用飞带脊，脊底化作卷草向上翘。由于起翘较高（为了与门楼翼角起翘相对应），脊底与山墙墀头间以灰塑夔龙纹装饰。

正殿两侧设厢房，并留过道通往后殿，但后殿已毁，现存为近期修复时重建之建筑。

岑溪南渡邓公庙

邓公庙是岑溪人民为了纪念道士邓清而建的庙宇。据传，明嘉靖三十六年（1557年），皇宫失火，奉天、华盖、谨身三大殿都被大火焚烧，一连数天不灭，嘉靖皇帝正一筹莫展之时，于晚上梦见一道人手捧一碗水洒在皇宫中，并对他说："鸡鸣时分必有大雨……"果然，四更刚过，倾盆大雨即至。皇帝即命国师占卜送雨者为何方道士，占卜得知此道士乃岑溪善村人，叫邓子真，法号邓清，但已逝去半年之久。嘉靖皇帝为了纪念邓清救火有功，便敕封其"灵威伯爵邓公爷"。岑溪人为了纪念邓公爷，在各乡村修建了许多邓公庙，其中较大而且有名的有南渡邓公庙、善村邓公庙、樟木邓公庙等。

南渡邓公庙坐落于岑溪市南渡镇黄华河畔，始建于明代，清雍正十二年（1734年）重修。邓公庙坐北朝南，沿轴线由南至北分别是前殿、拜亭、后殿，建筑通进深22.4米，轴线两侧各设一列辅房。邓公庙为硬山顶插梁式木构架建筑，梁架保留了明代风格，庙内后殿的四根高浮雕蟠龙木柱为广西孤例。

前殿面阔三开间，进深三开间，高5.5米。全殿梁架使用广府式月梁，其截面接近圆形，梁身凸出于榫厚的部分做梁肩和曲线梁项，既坚固又美观。前檐柱与前金柱间的三架梁穿出檐柱承托出跳的屋檐，三架梁上则设两跳驼峰斗拱承托檩条和花板式水束，使入口更具装饰性。金柱间及金柱与后檐柱的梁架为穿式瘦瓜柱插梁式木构架，瓜柱呈瘦长形立于梁上，梁端削薄呈扁平状穿过瓜柱。脊檩由瓜柱承托，柱端设卷草梁枕木，对脊檩起到扶持作用。为增加梁架间的拉牵作用，脊檩下用较粗大的随脊枋，前檐柱、前后金柱也设牵枋，其中后金柱间的牵枋雕刻尤为精美，枋端以月梁的方式斩凿、浅刻浮雕飞凤，枋身刻缠枝纹，枋底为铜钱椀花纹。

前殿与后殿间为拜亭。拜亭立于砖砌台基之上，面阔一开间，宽与前殿明间同，进深 3.2 米。拜亭的屋顶是将后殿明间部分屋顶延长而成，与前殿后檐相接，设天沟排水。拜亭屋顶东西

南渡邓公庙

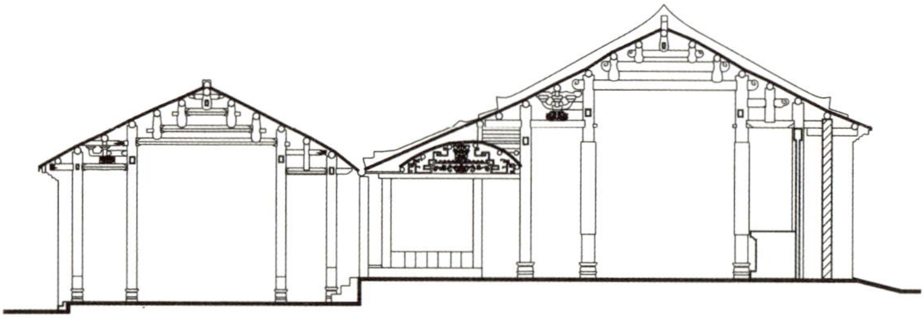

南渡邓公庙剖面示意图

两侧加披檐，略呈歇山之形，有遮挡风雨之效。拜亭屋架为穿斗式，其下与前殿相接一侧设跨度达五步架的船篷式卷棚，与后殿相接一侧设跨度为一步架的素平天花。卷棚檩条由夔龙纹大花板承托，使拜亭空间显得华丽而精美。

后殿面阔三开间，进深三开间，高 6.2 米，插梁式木构架。前檐柱与前金柱间用广府式月梁，月梁出头承托挑檐檩，月梁之上置两条驼峰斗拱承托檩条，其做法在明代建筑和清代早期建筑中出现较多，说明该庙的历史较为悠久。每根金柱都精雕一条神态威猛的蟠龙，这些是广西仅存的古代木雕柱子，烘托了金柱间空间的神圣性。

三江和里三王宫

三王宫是侗族群众为纪念古夜郎国竹王三子所建的庙宇。传说竹王育有三子二女，个个才智过人，文武双全。汉元鼎六年（公元前 111 年），汉武帝疑竹王有叛汉之举而诛之，后发觉误杀，因而对其子厚遇有加。竹王三子不计前嫌，竭忠尽智，在所辖区域力倡革新，广施仁政，群民共享恩膏，深得黎庶拥戴。竹王三子离世后，各地相继立祠，以志竹王父子风范。

和里三王宫位于三江侗族自治县良口乡和里村、南寨村双溪合流处的小山包上，是侗寨村民演戏酬神及进行其他民俗活动的地方。三王宫始建于明隆庆六年（1572 年），经历清乾隆、道光、同治年间三次大修和 2012 年整体修葺。三王宫坐北朝南偏东 15°，中轴线上由南至北依次布置庙门戏台、前院（兼看台）、仪门、后院、庙堂（东西并列两座）。各主体建筑因山就势逐层升高，是充分利用地形的典型代表。其中主庙堂位于小山包的最高处，东西并列布置，相接处共用山墙，是广西现存古建筑中罕见的实例。

庙门与戏台合为一体，前后相连，能最大限度地在小山包上留出相对宽裕的观演院落空间，并充分地运用干栏式建筑底层架空的优势解决地势高差和庙门、通道问题。戏台为单层全伸出式三面观戏台，单檐歇山顶，面阔三开间，进深两开间，后加面阔三开间、进深一开间的扮演房。戏台总高 9.9 米，其中架空底层高 3 米，第二层木地板至立面檐口高 3.2 米。戏台台口相对较高，利于多人表演。戏台为穿斗式木构架，金柱间设方形藻井，戏台四周挑檐部分设半鹤颈式卷棚，藻井及半鹤颈式卷棚漆以红、黄、绿三色进行装饰，其中藻井中央以这三色描绘出太极鱼图案。翼角起翘均采用从前金柱伸出前檐柱的穿枋来承托翼角的方式（即转角穿枋），在转角穿枋前端斜立子角梁（子角梁外以圆雕木鳌鱼头遮掩装饰），在檐桁之上设置较高的老角梁，老角梁斜向伸出卯入端部斜立子角梁内，并以两侧的生头木辅助支撑，这样子角梁、老角梁与两侧生头木相互扶持。扮演房为马头墙式硬山顶，山墙前墀头部分装饰彩绘。但三王宫的山墙与桂北汉族的相左，山墙与马头墙一样向两端跌落，但无马头，且每层两端向上翘起的高度远高于桂北汉族马头墙，显示了地域特色。

过了戏台便是第一进院落，院落依就地形设多层台基以便观演之用。此外，第一进院落两侧为面阔四开间、进深一开间的悬山顶观演房。观演房亦采用干栏式，底层架空适应地形，上层观演。

仪门面阔五开间，进深两开间，硬山顶穿斗式木构架，中柱位置设门框。此外，在中柱与前后檐柱间设一支香轩，挑檐部分饰半鹤颈式卷棚，加强了仪门的装饰性。

后院之北便是东西并立的两座面阔三开间、进深三开间、高 9.8 米的庙堂。其中，东侧庙堂宽 9.4 米，西侧庙堂宽 10.7 米。与戏台正面相对的是东庙堂的次间，这在庙宇布局中极少见。东西庙堂平面及木构架形制一致：进深十三步架，用插梁式木构架；瓜柱使用侗族穿斗木构架中瓜柱的形式；落地柱也是直上直下，不做卷杀；梁为扁作直梁，梁穿出柱子的部分处理成向上微翘的鱼尾状，这是清代侗族公共建筑（鼓楼、庙宇、桥梁）中梁的传统做法；为增强拉牵作用，檩下设随檩枋，金柱间及金柱与山墙间设纵向的牵枋，但不设随脊枋。装饰上，挑檐部分都做半鹤颈式卷棚；山墙内上沿内博风位置墙楣画。稍微不同的是，东侧庙宇有梁枕木，西侧无；东侧庙堂的墙楣画为黑地白纹，西侧为彩色如意纹。

三王宫（从东南面看）

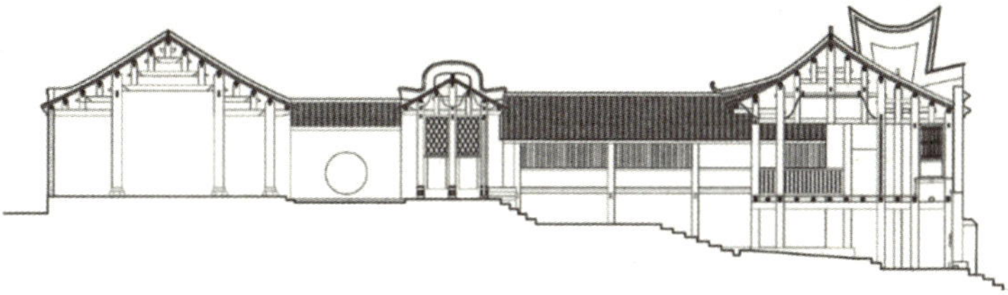

三王宫剖面示意图

蕴藉隽永的书院会馆

在中国数量众多的文庙建筑中，除曲阜孔庙因其独特的地位始终被称为“孔庙”外，其他地方（包括古代都城）则称为“先师庙”“圣庙”“文庙”“夫子庙”“学宫”等，其中最普遍的称呼是“文庙”或“学宫”。现广西遗存的或有史可查的文庙几乎都属于学宫范畴，隶属于官学。

书院作为一种教育机构，是士子和学者读书、修行、讲学、自习、著述、休憩、生活和祭祀先贤的场所。广西的书院始建于南宋绍兴年间，迄于民国时期，前后存在近800年。由于讲学、藏书和祭祀先贤被看作书院的“三大事业”，因此，与之相应的讲堂、藏书楼和祠堂即成为书院的主体建筑。同时，书院兼有生活、游憩及面向社会的文化学术交流等多项功能，是一个开放的多功能的综合体。

会馆又称“公所”，是明清时期旅居异乡人士在客地建立的社会经济组织，是明清时期特定历史条件下社会经济发展的产物。广西的会馆始建于明代，至清代而盛。清代广西绝大多数县境均建立有会馆，桂东南、桂西地区以粤东会馆为多，而桂东北则以湖南会馆、江西会馆势力见长，但从总量来看，粤东会馆最盛。

恭城文庙

恭城文庙位于恭城瑶族自治县县城拱辰西路，始建于明永乐八年（1410 年），原址在今城东南凤凰山麓；成化十三年（1477 年）迁至县西黄牛岗；嘉靖三十九年（1560 年）迁至西山南麓，后因战乱，部分建筑被毁。清康熙九年（1670 年）、康熙四十年（1701 年）曾局部维修；道光二十年（1840 年）扩建，道光二十二年（1842 年）形成如今的规模；光绪十四年（1888 年）修缮；1923 年大修。

恭城文庙坐北向南，南偏东 6°，占地面积 3600 平方米，建筑面积 1800 平方米，南北中轴线上依次为状元门、棂星门、泮池、状元桥、大成门、露台、大成殿和崇圣祠；东西两侧对称分布礼门、义路门、东西碑亭、东西厢房（更衣所、忠孝祠和省牲斋、宿所）、名宦祠、乡贤祠，加上东西庑房、昭文楼、尊经阁，构成院落式建筑群，是现今广西保存最完整、规模最大的文庙建筑群，也是岭南地区保存最完整的文庙建筑群之一。

恭城文庙状元门前立有石碑，其上雕刻“文武官员至此下马”字样。过状元门便是以青石砌筑的五开间六柱式棂星门，冲天柱头安辟邪狮子，明间阑额设石牌匾，其上书刻“棂星门”。明间、次间阑额上刻有“六合长寿”“拜相封侯”“鱼跃龙门”“二龙戏珠”“双凤朝阳”等精美浮雕。再往北是半月形的泮池，泮池以石料砌成，周围青石栏杆。池上设单孔石拱桥，名曰“状元桥”。状元桥桥面有一块雕刻云纹浮雕的青石，寓意由此过便能一跃龙门、平步青云。

恭城文庙的大成门位于泮池、泮桥之北，采用面阔五开间中柱五门的戟门样式，进深两开间，中柱分心用三柱，梁架为夔龙纹抬梁式梁架，大门由 22 扇隔扇组成，窗棂为几何方格和精美的镂空花。檐柱用石柱，中柱为木柱，木质梁架置于檐柱端头，抬梁式的垒叠感展现无遗。除脊檩外，中柱自脊檩以下使用了三条较粗的圆枋，加强拉牵作用。前檐柱间以扁作月梁式檐枋连接。屋顶为硬山顶，采用大式飞带垂脊。垂脊在山墙顶端相交处高高耸起，形成锐角三角形立面，向下延到檐口时转为卷草向上翘起，在前后垂脊底各设一彩色狮子。正脊采用博古脊，脊身由博古头、小品、花窗、主画几个部分构成，主画为人物彩塑，小品为花鸟彩塑。脊上是双龙戏珠圆雕灰塑，两侧为鳌鱼。屋面使用黄色琉璃瓦。大成门两侧设耳房，耳房屋脊低于大成殿，且用低一等的绿色琉璃瓦。

大成殿是整座文庙中体量最大、等级最高的主体建筑，位于六级平台的第五级平台上，形同济卦六爻中的第五爻，为九五之位，表现出大成殿尊贵的地位。大成殿面阔五开间，进深三开间，高 16.8 米。大殿平面采用副阶周匝形式，殿前设宽阔的月台。月台形制为正坐月台，其正面中央设龙浮雕御路，侧面分别设一垂带踏跺登临月台。月台及御路两侧使用栏板式栏杆，望柱柱头为石雕寿桃，御路栏杆端头设石狮子墩及抱鼓石。大殿台基高出月台，三出垂带踏跺与月台相连，踏跺垂带的端头都设有地域特色明显的抱鼓石。

大殿前廊使用扁作船篷轩，大殿内采用抬梁兼穿斗式木构架，其中明间、次间的金柱间用抬梁式，金柱与檐柱间则用穿枋相连。大殿内设平綦天花，明间正中设斗八藻井。大殿屋顶为重檐歇山顶，其上铺黄色琉璃瓦，其正脊采用博古脊，正脊两端的博古头化作吞兽，向内咬住正脊。正脊脊身正面是“五代荣封”高浮雕灰塑，背面则分为五幅矩形框主画，主画画心为花鸟。正脊上是“双龙戏珠”圆雕灰塑，吞兽头上是鳌鱼。其垂脊为大式飞带垂脊，在垂脊交会处饰卷轴式灰塑画框及人物、狮子画心，垂脊面上饰多幅灰塑小品，垂脊端头设彩色陶狮，高浮雕垂兽则趴在垂脊中段。戗脊及第二层屋檐的垂脊依然是飞带式，只不过在第二层飞带中段置彩色陶狮。山墙上还用木质博风板，保护山墙处伸出的檩条端头，博风板交会处设木质悬鱼。这样繁复的装饰、高高翘起的屋脊，使大殿显得更加辉煌。

中轴线上最后一座建筑是崇圣祠，它位于地势最高的第六平台上，体现“生我者父母”之说。崇圣祠通面阔三开间，带前廊，单檐歇山顶。前廊不用轩棚，扁作月梁上使用夔龙纹作为梁架。堂内构架亦为抬梁式，平梁及梁间均使用夔龙纹板。屋顶为单层歇山顶，虽地势较大成殿高出约 2.6 米，但其总体高度并未超过大成殿，保证了大成殿在天际线上的主体地位。

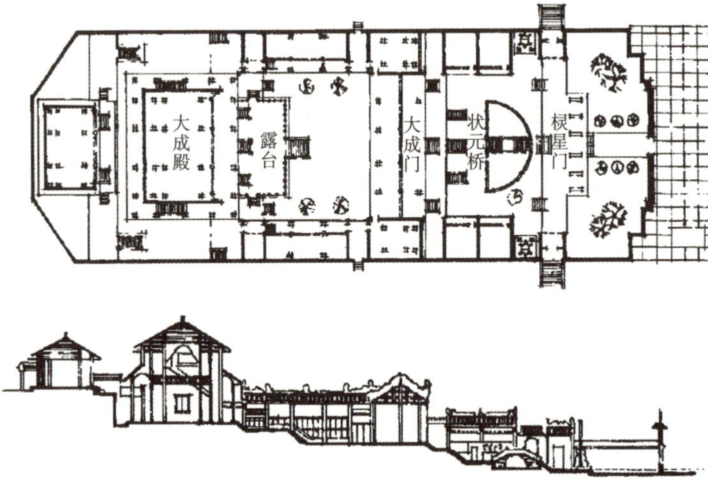

● 恭城文庙平面及剖面示意图

● 恭城文庙大成殿

田东经正书院

经正书院位于百色市田东县平马镇南华街 91 号。清光绪二年（1876 年），恩隆县知县陈如金在田州府初行“改土归流”、采风问俗，亟须培养文人学士，于次年向民间借民舍，开办书院招收学员，取名“经正”。因报名读书的生员太多，同年年底，陈如金动员大商号捐资建造书院，并发动四乡民众捐资建院舍，是年冬始建，光绪四年（1878 年）落成。

清末民初，经正书院是右江一带最具规模的书院。后由于科举制度废除，于光绪三十二年（1906 年）改为县立丙等小学堂。在经正书院后续发展的历史上，曾有着光荣的革命传统，在第二次国内革命战争时期，经正书院成为邓小平、张云逸等老一辈无产阶级革命家重要的革命活动中心。1963 年，国家曾拨专款进行修缮、复原。

经正书院坐北向南，为三间二进式院落布局，中轴上依次为门厅、讲堂、后院房，其中讲堂前对称布置着厢房各五间，为学舍，围合成第一进合院，形成了安静没有干扰的学习空间。

书院门厅为面阔三开间的门堂式硬山顶建筑，明间开木板门。前廊檐柱为木柱，檐柱间及檐柱与两侧山墙间用虾弓形木枋连接。前廊梁架与门内梁架一样，使用典型的圆作梁葫芦瓜柱插

● 经正书院正面

梁式，不设轩棚。前廊进深三步架，门内进深十一步架，门墙相当于金柱位置，并于后金柱间设槅扇门式屏门。门厅正脊为两端起翘的舟脊，起翘处饰以卷草纹。垂脊为飞带式，垂脊端头翘起，以卷草收尾。

第二座建筑为讲堂，门有对联阐明书院主旨：“经天纬地，正心修身。”讲堂面阔三开间，明间为讲习之所，东次间为院长起居室，西次间为筵宾之所。讲堂进深二十二步架，前卷式用六柱（后檐柱为砖砌方形柱），梁架整体为沉式瓜柱插梁式木构架，圆作直梁，梁头雕刻夔龙纹。梁架前廊（前跨）进深三步架，设船篷轩，轩檩以瓜柱承托，廊柱设象鼻形插拱、莲花形斗承托穿出廊柱的四架梁，以及其上的挑檐枋。前檐柱与前金柱间进深四架；前金柱与后金柱间进深十步架，脊檩下有乌翅形梁枕木；后金柱与后外金柱间进深三步架；后外金柱与后檐柱间进深三步架。梁架纵向仅在落地柱间、落地柱与山墙间设牵枋，无随

经正书院讲堂

檩枋增加拉牵作用。前檐柱位置设槅扇门，后外金柱间设槅扇门式屏门。讲堂亦为硬山顶，正脊、垂脊与门厅接近。

讲堂前东西两侧各设面阔五开间的厢房，进深十四步架，有前廊。厢房梁架是非常有地域特色的大叉手式梁架，斜梁承托檩条，并在中柱位置交叉承托脊檩，瓜柱细长圆润，向下有卷杀，骑于圆作梁上，瓜柱间以穿枋连接，前后檐柱皆出跳枋承托挑檐檩。

第三座建筑为面阔九开间的后院房，后院房设前廊，梁架亦为大叉手式木构架。现后院房已被辟为展室。

总体而言，经正书院平面规整，属于寺庙式书院，这样既突出了书院以讲学为中心的教育功能，又宣扬了书院尊师重道的传统精神。书院整体非常朴实，没有繁复的装饰和夸张的细部。此外，门厅、讲堂梁架与厢房、后院房梁架的不同，一方面凸显了建筑单体在建筑群中地位的不同，另一方面也展现了壮、汉建筑技艺的交融。

浦北大朗书院

大朗书院位于浦北县城北部约3千米处，始建于清光绪二十五年（1899年），由地方绅士伯玉公祠主人宋安甲筹资创建。书院原位于今小江镇六新村委，曾培养出两广总督、陆军少将、二品顶戴花翎宋安枢和宋安革等栋梁之材。清光绪年间，书院才从今小江镇六新村委迁建于平马村委，并命名为“大朗书院”。大朗书院为浦北县16所古书院之一，也是仅存的一所书院。

大朗书院坐北向南，布局紧凑，为中轴对称的单路三进三开间东西辅房式合院建筑群，占地面积5160平方米，建筑面积1800平方米，从门楼至后座地平逐步抬升，以附会步步高升的寓意。书院中轴建筑为两层，两侧辅房为一层，皆采用悬山屋顶，硬山搁檩式木构架。四角为讲学堂，右侧为花园，左侧为食堂，前门有广场和鱼塘（钓鱼池）；内设5个讲学堂，2个书库，17间宿舍。书院设计高雅大方，室内及前檐雕花、雕龙刻凤，别具一格。

书院门楼为面阔三开间的前后廊式悬山顶建筑，高约7.7米，明间与次间用砖墙分隔，开小门与次间相通。门楼通进深三开间，檩间距非常紧凑。其中前廊进深五步架，用船篷轩，以蝙蝠状大花板支撑，轩梁榫进石质前檐柱，其下设雀替。大门内为后跨，进深十六步架，用硬山搁檩式，在大约后金柱的位置设屏门。明间大门上方为长方形花岗岩牌匾，上刻“大朗书院”。其上墙楣施以泥水彩绘，彩绘分为若干画幅，内容与教化相关。明间前檐柱挂有“大成声振尼山铎，朗润文方浦水珠”对联。门楼两侧为耳房，耳房进深、高度都小于居中的门楼，突出了中轴建筑的地位。

中座面阔三开间，前后廊式，明间与次间设隔墙，前后廊厅通往两侧厢房。中座进深二十八步架，高 7.8 米，明间前跨、后跨用木构架承托檩条，中跨以隔墙承托檩条。后座高 8.46 米，进深 10.7 米，两侧耳房为两层结构。

如今浦北县已将大朗书院的维护融入“客家文化村”景区中，以保存完好的古建筑和翔实的实物系统介绍了以古越州为中心的客家文化。

大朗书院正门

南宁新会书院

新会书院位于南宁市解放路42号，始建于清乾隆元年（1736年），由广东新会县人士集资兴建，重修于道光二十三年（1843年）。据文献记载，前清时期，南宁商务已盛，各省商帮云集，并设立同乡会馆作为商务及同乡聚会、议事的活动场所，新会书院就是当时有名的会馆之一。1947—1949年，在书院旧址改设冈州小学，后又改为解放路小学，1987年和2002年先后两次由市文物部门组织进行全面维修。

虽名为书院，但建设之初其功能实际上主要作为同乡会、文化娱乐、商会等活动场所，之所以没有取名为“新会会馆”，究其原因，一则避免用字重复，二则因为广东商人此前已在附近兴建了一座“粤东会馆”，不宜再建新的会馆，遂命名为“新会书院”。

整座书院建筑坐东北向西南，布局紧凑，高低错落，庄重古雅，具有典型的广府式建筑风格。书院为一路三间三进合院式建筑，占地约760平方米，平面呈中轴对称布局，后天井两侧设侧廊。

因拓宽马路之故，门厅于1932年后移重修。1982年屋顶脊瓦被拆，1987年重修。门厅为面阔三开间的门堂式硬山顶建筑，进深三开间，花岗岩面台基高0.4米，建筑标高8.7米。门墙外的前廊进深三步架，用柁墩斗拱梁架，檩间有广府式建筑常用

● 新会书院门楼

● 新会书院天井

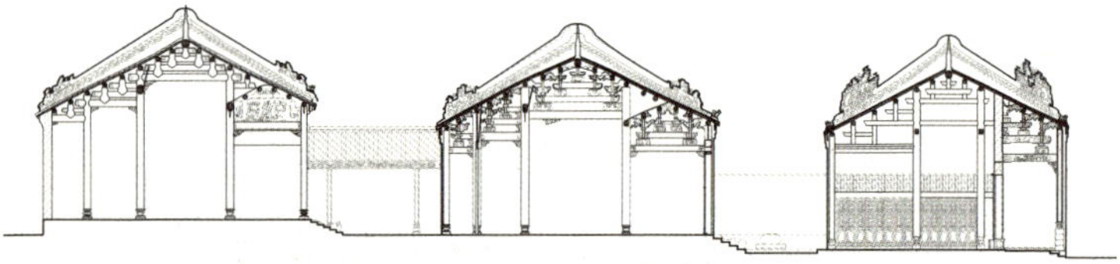

新会书院剖面示意图

的水束作为斜向支撑，整体具有很强的装饰性。门墙内进深九步架，用典型的沉瓜式插梁式木构架，使空间简洁、疏朗，但瓜柱整体较细长，不呈葫芦形。门厅前后檐采用石檐柱，檐柱间设虾弓梁，上有金花狮子雕塑，檐柱柱础为双束腰方形石柱础。

中厅为面阔三开间的前后廊式硬山顶建筑，进深十六步架，用五柱，高 9.3 米，用柁墩斗拱抬梁式木构架，但大梁榫进金柱内，为广府式木构架的典型做法。中厅前廊进深五步架，设船篷式轩，使中厅的入口空间高敞、大气。前金柱与后金柱间进深六步架，后金柱与后外金柱进深三步架，二者进深差异大，是因为前者为待客、议事场所，需要高敞、宽阔的空间，后者是中厅中轴线上最重要的家具——翘头案、八仙桌等的陈列空间，较浅的进深与外后金柱间的樘板一起形成围合感较强的“凹”字形空间，一方面与家具所需空间一致，达成有机一体的美感；另一方面正好将观者的视线聚焦在这个空间，使坐在八仙桌两侧的人物成为空间的焦点。后廊进深两步架，是中厅与后院过渡的交通空间。就木构架装饰而言，中厅梁架的柁墩、梁头、水束都有精美雕刻，且贴金装饰，这些与斗拱一起，衬托出中厅的富丽堂皇。

后厅为面阔三开间的前廊式硬山顶建筑，进深十五步架，用五柱，高 10.2 米，用沉瓜式插梁式木构架，瓜柱下端粗壮，呈典型的葫芦状。后厅整体装饰较为简约，装饰重点集中在前廊，前廊用船篷式轩，其明间梁架用装饰感极强的博古架式花板梁架，梁架主体结构为夔龙纹，其间雕刻各种充满吉祥寓意的植物、水果。后厅中跨、后跨除了梁头和大梁下的雀替，几无装饰，反而衬托出梁架的结构美感。后厅原为祭祀之用，供奉神像，原有一阁位于后座右侧，祀关帝，现已毁。2001 年，书院发掘出供奉孔子的香炉，说明书院不仅作为新会同乡会、集会、祭祀之用，同时也是新会籍子弟读书学习的地方。

新会书院屋顶也充满了广府式建筑的特点，正脊都很高，其中门厅的正脊就分两层，下层为分画幅的灰塑雕塑，中间的画幅雕塑为“九狮镇江山”，两侧的画幅雕塑分别为“鹤鹿呈祥”“民富国强”；上层为石湾陶瓷脊饰，塑有各类人物、花鸟、凤凰、鳌鱼等。屋脊上宝珠最高居正中，两侧为陶塑鳌鱼，使笔直的正脊有了向上起翘的态势。书院屋顶的垂脊皆用直带式垂脊，垂脊低端是灰塑夔龙纹，前檐垂脊设狮子状垂兽。屋面铺的绿色琉璃筒瓦，在阳光下熠熠生辉。

重修后的书院于 1947 年开办冈州小学（新会旧称“冈州”），教师全是新会籍人士。新会书院于 1949 年后改名为解放路小学，与隔壁两湖会馆的湖光小学合并，在后墙上打通，至此书院真正地转化成读圣贤书之地。现在，新会书院成为表演邕剧、展示邕剧历史的博物馆。

百色粤东会馆

百色地处云南、贵州、广西三省（区）交会处，是连通三省（区）的交通枢纽和商品集散地。源于云南省的驮娘江和发源于百色凌云县的澄碧河在此汇合成右江，与邕江、珠江水系相连。广东的货物通过珠江、邕江、右江进入广西、云南、贵州，云南、贵州和广西的土货又通过此流域进入广东。中法战争后，广西进一步开放通商口岸，两广的贸易更加繁盛，粤商纷纷逆流而上，落脚百色，从事经商活动。随着在百色的广东商人不断增多，其经济势力也日趋壮大，遂组织商会修建粤东会馆，以满足商人屯货、转运、处理纠纷等需要，同时还作为集会、留宿等场所。

百色粤东会馆是百色市现存最大的一组古建筑群，也是广西现存规模最大、保存最完整的粤东会馆之一。会馆由旅居百色的粤商梁煜领头筹款，兴建于清康熙五十九年（1720 年）；后于道光二十年（1840 年）扩建第二进至后殿，包括两侧厢房；同治年间修葺，更换屋脊部分。1929 年，中共中央派邓小平等同志来广西指导左右江革命战争。同年 12 月 11 日，在邓小平、张云逸、雷经天、韦拔群等同志的领导下，成功发动百色起义，同时宣布成立中国工农红军第七军，军部司令部就设在粤东会馆。1961 年 3 月，广西壮族自治区人民政府把百色粤东会馆（红七军军部旧址）列为自治区重点文物保护单位，并建立右江革命文物馆。1977 年 8 月 17 日，邓小平同志为红七军旧址题名“中国工农红军第七军军部旧址”。1988 年 1 月 13 日，红七军军部旧址被国务院列为全国重点文物保护单位。

百色粤东会馆位于澄碧河西岸、百色市解放街 39 号，依山傍水，坐西向东。会馆西面背靠盐仓巷，隔巷为错落的民居建筑群。距会馆 20 米左右，沿河修建有两处古码头。会馆建筑群为一路三进三开间合院式建筑群，建筑总体方正规整、主次分明，中轴线上从东至西布置着门厅、正厅和后厅，中轴天井院落两侧为侧廊，连通中轴上的各进厅堂，避免风吹日晒。在中轴建筑之外对称布置着厢房，以青云巷相间隔。

百色粤东会馆

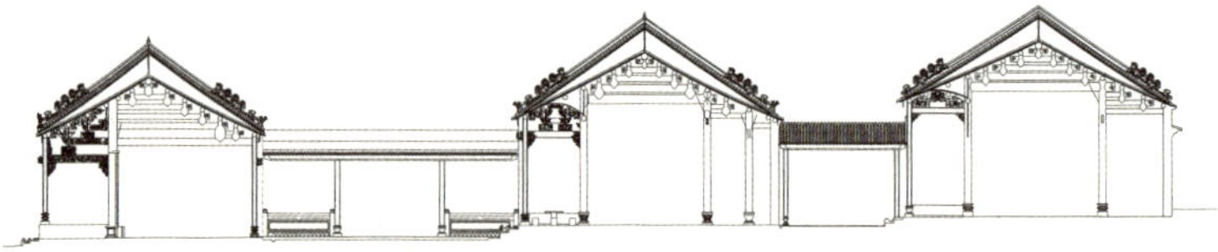

百色粤东会馆剖面示意图

门厅为面阔三开间的门堂式硬山顶建筑，进深两开间，建筑标高 7.5 米。门墙外的前廊明间、次间均用进深三步架的柁墩斗拱抬梁式木构架，梁是截面为矩形的月梁，月梁无梁肩、斜项，仅低端下凹表达月梁的意向。柁墩为横长形，其上为两跳的襻间斗拱，檩间有广府式建筑常用的 S 形鳌鱼状水束作为檩间的斜向支撑。前廊梁架的梁身、梁底、柁墩、雀替、水束雕满各种人物故事、花草纹样，并贴金装饰，整体美轮美奂、金碧辉煌。门墙内进深八步架，用典型的沉瓜式插梁式木构架，使空间简洁、疏朗。门厅前后檐采用石檐柱，檐柱间设石质虾弓梁，上有金花狮子雕塑。

门厅正脊很高，分三层，下层为分画幅的灰塑高浮雕，其中中间的画幅为人物雕塑，两侧的画幅为瑞兽高浮雕，两者间以略呈红色的山水浅浮雕过渡。中层为石湾陶瓷脊饰，塑有各类历史人物、故事，对称却不重复，一个个小小的陶人，至今仍展现着它们历久弥新的色彩和多变的身姿。石湾陶瓷脊两侧是夔龙纹，其上各有一头栩栩如生的彩陶麒麟。上层以宝珠高居正中，两侧为双龙，再侧为鱼尾高翘的鳌鱼，使门厅的正脊看起来更高、更热闹。门厅屋顶的垂脊用直带式垂脊，垂脊低端是灰塑夔龙纹，前檐垂脊端头设日神和月神。屋面为碌灰筒瓦，以绿色和蓝色琉璃瓦剪边，蓝、绿的色彩正好与石湾陶瓷正脊的色调相呼应。

通过较为方正、宽阔的第一进院落便是正厅，正厅为面阔三开间的前后廊式硬山顶建筑，进深十五步架，用五柱，高 8.4 米。前跨用柁墩斗拱抬梁式木构架及船篷轩，其余各跨用瓜柱插梁式木构架。正厅外后金柱间设樘板，上悬“兴汉无极”匾额。正厅正脊高度略低于门厅，分上下两层，下层为分画幅的灰塑高浮雕，其中中间的画幅为瑞兽高浮雕，两侧的画幅为植物高浮雕，两者间以灰白色的山水浮雕过渡；上层为石湾陶瓷脊饰，塑有各类历史人物、故事，两侧是夔龙纹。正脊之上无宝珠、鳌鱼等。

后厅与中厅之间有狭长天井，两侧为耳房。过了天井为后厅，后厅为面阔三开间的前廊式硬山顶建筑，明间后墙正中设神龛，供奉关公像，次间面阔的 2/3 砌筑砖墙，形成面阔不到一开间、进深十一步架的侧室，可收纳仪式时用到的器材，对着前廊开槅扇门。后厅进深三开间，高 9.7 米，前廊用蝙蝠状夔龙纹梁架支撑船篷轩，中跨、后跨用沉瓜式插梁式木构架，方形石质檐柱间及檐柱与山墙间不设牵枋。后厅整体装饰较为简约、肃穆。

百色粤东会馆集岭南建筑工艺装饰之大成，几乎全部廊、轩、门、窗、壁、脊、梁架都展示了岭南建筑的石雕、木雕、砖雕和陶塑、泥塑、灰塑“三雕三塑”，琳琅满目，令人目不暇接。

苍梧粤东会馆

苍梧粤东会馆也称“戎圩粤东会馆”，位于苍梧县龙圩镇忠义街西边。龙圩（旧称“戎圩”）位于桂江、浔江交汇处，拥有广西其他圩镇难以企及的地理优势，其水上通道可达广西众多经济发达的市镇，还可以通往云南、贵州和湖南等地，更是广西通往广东的重要门户。苍梧粤东会馆有一块清乾隆五十三年（1788年）石碑，上刻《重建粤东会馆碑记》，记载有“苍梧为粤西之东境，离县二十里，有巨镇焉，盖古戎城也。其地面临大江，左右高山环峙，峰连翠叠，数十里而不绝。上接两江：一自南宁而下，一自柳州而下，皆会于戎。水至此流而不驶，故为货贿之所聚云……虽通邑大都，广圩雄镇，未足比也”。明代中期，戎圩逐渐成为广西重要的商业圩镇。清康熙年间，戎圩商贸进入鼎盛期，位居广西商业圩镇之首。当时两广地区商贸发达，特别是戎圩市场商业繁荣，广东商人遂倡导集资在此建会馆。

会馆前身为关夫子祠，建于清康熙五十三年（1714年），乾隆五十三年（1788年）重修。《重建粤东会馆碑记》中描述此次重修为：“拓旧基，辟新局，工匠极一时之选，木石收两省之良。”灰裹、拢瓦、石材等材料从广东经水路运到当地，而木材则取自当地较好的铁黎木，故而会在碑文中有“木石收两省之良”一说，当时会馆有主体建筑及致富宫、更楼和厢房等附属建筑，致富宫等附属建筑于“文化大革命”时被拆毁。

苍梧粤东会馆坐西北向东南，一路三进三开间，占地面积540平方米，中轴线上依次为门厅、正厅和后厅，在天井两侧设侧廊。

门厅面阔三开间，进深两开间，高8.7米，为前廊式分心造，前后跨进深一致，大门及门墙位于脊檩之下，平均划分门厅内外空间。门厅为清代两广地区会馆、祠堂中常见的形式，大门之外的两次间设石砌塾台作演乐之用。塾台两周饰石板，用竹节纹分割，每个分割单元内都饰浅浮雕壶门状团花纹样。门厅前廊设四榀进深三步架梁架（两次间梁架紧贴山墙），皆为柁墩斗拱抬梁式木构架，梁为扁作月梁形式，截面为方形，梁肩卷杀，梁端作斜项，斜项上端剥鳃线呈弯曲状（其中四架梁的斜项处装饰卷草纹），梁底起拱，梁底两端用卷草纹雀替，进一步加强了梁底向上的凹入感，使月梁形式更加饱满。四架梁榫入石质前檐柱，伸出卷草状梁尾，后端则榫入墙体，其上置驼峰斗拱承檩，檩条侧面有S形水束斜向支撑。门厅后部为后跨，亦为柁墩斗拱抬梁式木构架，其梁皆为圆作月梁，即梁截面接近圆形，仅在圆作月梁的上下皮削平。圆作月梁的梁肩卷杀并不明显，斜项上亦采用曲线的剥鳃，梁底不向上拱起，两端用卷草纹。三架梁、二架梁梁端伸出，呈栱状，向上承托三角形水束的尾端，并在梁头上置大斗承托檩条。四架梁梁头直接伸进明间木质后檐柱。此外，后檐的挑檐由扁作挑枋承托，挑枋下置插栱支撑，并在插栱端再置一

● 苍梧粤东会馆正立面图

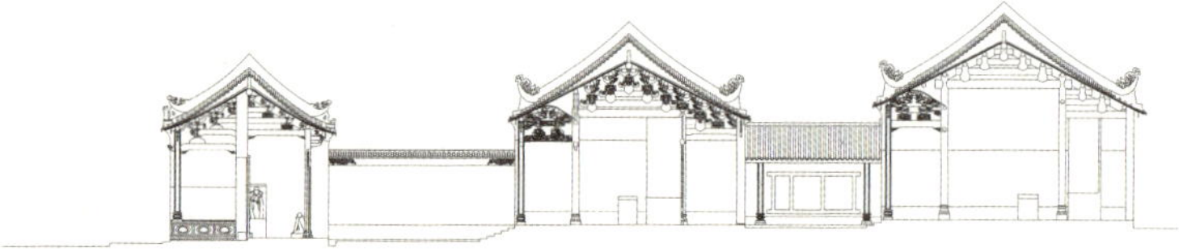

● 苍梧粤东会馆剖面示意图

跳栱在顺檩方向承替木、檩条。后跨檩条侧边设水草纹三角形水束，相互间并不连接，只起纵向稳定桁条的作用。相对于前廊起伏感很强的 S 形水束、精巧的斗拱、雕刻精美的柁墩，后跨木构架和装饰都更显简约。

此外，门厅前后檐两次间阑额皆为木构扁作月梁，下置卷草纹雀替，梁上中间置如意驼峰一斗三升重栱以承替木、檐檩。前檐方形檐柱上端向明间、次间伸出一跳木质插拱承托檐檩。这些都显示了清代早期的建筑特点。

中厅面阔三开间，进深三开间。明间前面设花岗岩条石踏步五级，两侧台基石板砌筑。中厅明间后部上金桁与金柱间设神龛，面向前庭，供奉关公。中厅为六步架前后三步架瓜柱柁墩斗拱混合式木构架，其中前跨（檐柱和金柱间）做卷棚顶，用柁墩斗拱木构架，梁的形式跟门厅前跨基本相同，但是雕刻装饰更加隆重繁复。中厅正立面的明间与两次间都设阑额，阑额形式与门厅前阑额做法一致。明间的阑额上放置“武圣殿”的牌匾，两次间阑额上置柁墩斗拱承檩，梁和驼峰遍刻鸟兽、风景纹样。中厅中跨为六步架瓜柱柁墩斗拱混合式梁架。中厅后跨延续中跨的结构。整体而言，中厅前跨梁架雕刻最为丰富繁杂，突出中厅入口空间的隆重；中跨梁架朴素，梁身平滑，仅在两头做简单装饰，但中厅中跨梁架相对门厅、后厅中跨梁架，其结构又最为复杂，采用了瓜柱和柁墩斗拱相混合的形式，从而强调了中厅在整座建筑中的重要地位。

后厅面阔三开间，进深十二步架，平面形制与中厅相同，不同的是后厅明间后金柱位置设有神龛，供奉天后。后厅为六步架前后三步架瓜柱、抬梁混合式木构架，其中前跨做卷棚，以柁墩斗拱抬梁式木构架支撑，柁墩、梁架、水束、雀替都有精美雕刻，装饰性强。中跨、后跨用瓜柱插梁式木构架，瓜柱为典型的上细下粗葫芦式瓜柱，各架梁以沉入的方式与瓜柱榫接，保证梁头与梁身粗细一致。后厅中跨、后跨梁架简洁朴素、疏朗大方，仅在梁头做简单装饰。此外，后厅明间檐柱间不设阑额，次间的阑额及其上驼峰重栱做法与中厅前檐相同，但木梁的雕刻变得简洁，只在两端斜项刻瑞兽装饰。“天后宫”的牌匾放置在明间两金柱的牵枋上。

会馆的三座建筑均为硬山顶，“人”字山墙，灰裹陇屋面，青砖墙。梁架为抬梁式与穿斗式的混合结构，砖石墁地。梁枋等木构件均使用坚硬的格木制成，加工精细，用材讲究。梁枋上的雕刻精美，花纹图案种类繁多。

会馆屋面的装饰也很精彩，垂脊都采用飞带式垂脊，垂脊两端下延到檐口，并以上翘成卷草纹尾结束。其中，前厅前檐垂脊前设平台置人物塑像，东边是手持宝剑的日神，西边是手持宝镜的月神，门厅后檐垂脊平台上各放置一尊灰塑黑色狮子。苍梧粤东会馆仅余门厅正脊，中厅、后厅正脊已毁。门厅正脊为两端翘起的龙舟脊，并以夔龙纹垫点连接山墙。脊身正面装饰分画幅的灰塑浮雕，其中主题画框与明间同宽，内为人物场景雕塑；两侧是次画框，中间为山水花卉雕塑。龙舟正脊上两边各置鳌鱼，朝向脊身正中耸立的宝珠。

总之，苍梧粤东会馆整座建筑布局得体，用料讲究，特别是木构件上的雕刻，取材丰富，构图严谨，非常精美。此外，苍梧粤东会馆还是一处带有清代早期建筑特征的建筑，从阑额及其上的如意驼峰一斗三升重栱，斗拱的形式，柱子、柱础的形制，墪台的装饰等都能显示其清代早期建筑的信息。

平乐粤东会馆

平乐粤东会馆位于平乐县平乐镇大街55号，系广东籍人士为进行交往和开展商业活动而兴建的会馆。据立于会馆内的《重修会馆并戏台碑记》对会馆的修筑过程的记载，“会馆之设，创自明”。同时，由于历史沧桑，“以前无可考”。从这个意义上说，平乐粤东会馆最迟建于明末是毫无疑问的。这一点，从清雍正三年（1725年）的《重建粤东会馆碑记》“平郡粤东会馆始建于万历年间”的记载也得到证实。广西的大多数会馆都建于清代和民国时期，其中又集中在清康熙、乾隆、嘉庆、道光年间，而平乐粤东会馆却建于明末，应是广西现存会馆中建造时间最早的会馆之一。

整个会馆坐东北朝西南，是一座两进三路三开间的建筑（右路已毁），建筑现存通面阔21.7米，通进深26.3米，建筑面积约812平方米。整个建筑群中轴对称，布局规整，会馆中轴线上有前厅、香亭、正殿，正殿两侧对称建有配殿（其中一座已毁），香亭南北侧对称建有天井、厢房（南侧厢房已毁），前厅的北面筑有“延芳”碑廊和膳房。

门厅采用前廊式，进深两开间，其中前跨进深三步架，后跨进深六步架，门墙位于脊檩前两步架的位置，把门厅分为前后两个大小不等的部分。门厅前廊明间设两榀木构梁架，为柁墩斗拱抬梁式，梁采用方形直梁，梁身刻满装饰，但被严重破坏，仅能从轮廓判断是人物场景主题。前廊四架梁榫入前檐柱，向外伸出的石质雕刻已丢失，后端榫入墙体。梁上放置柁墩，柁墩上置栌斗，斗上架梁，梁头再放大斗承其上斗拱，斗拱顺檩方向出两跳承托替木连接檩条。此栱向脊檩方向伸出，呈夔龙形，另一端伸出与前一檩过来的鳌鱼形水束合为一体，共同固定檩条。其余柁墩斗拱以相似结构依次向上，形成门厅前部构架。前檐柱为方形截面，转角以竹节纹和多层线脚修饰，檐柱与山墙间的方形截面石质虾弓梁饰满雕刻，其上无金花狮子或柁墩斗拱，其下有石雕雀替。

门厅后跨为瓜柱插梁式木构架，梁用琴面直梁，梁上下皮削平，梁身平滑，装饰克制，仅在梁头刻有装饰线条。七架梁一端榫入门墙，另一端榫入后檐柱。梁上放置瓜柱，瓜柱为下大上小

平乐粤东会馆鸟瞰图

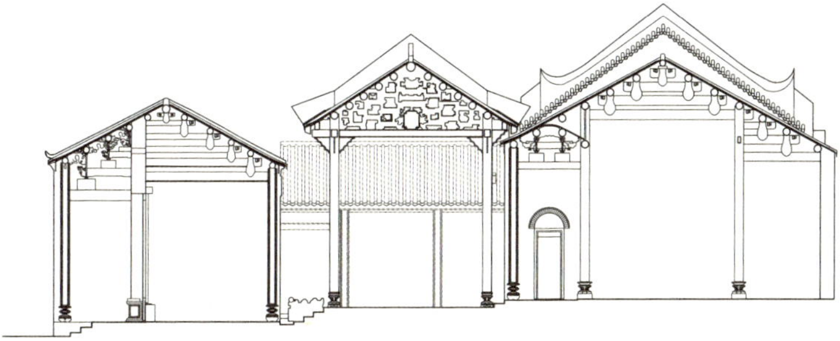

平乐粤东会馆剖面示意图

的葫芦形，梁以沉入方式与瓜柱榫接。

天井正中设香亭。香亭平面近方形，是单开间歇山顶建筑，地面抬高正对大门明间。香亭采用十步架博古式梁架，前后一步挑檐，博古式梁架中间雕刻夔龙、人物和植物图案等。香亭后部屋檐几乎与正殿前檐相接，两檐口下以天沟向两端排水，避免雨水直接从香亭与正殿之间落下，也使香亭与正殿连成一个连续的空间。

正殿进深十二步架，高 7.6 米，前设轩廊，以柁墩斗拱支撑轩檩，中跨、后跨用插梁式木构架，其形式和做法与门厅后跨一致。正殿在明间正中祭祀天后，因此正殿也称为“天后宫”。

正殿西侧的配殿进深十二步架，高约 7.1 米，明间并排供奉观音菩萨和文财神。配殿大木构架、构件形制与正殿基本一致，不过轩廊部分采用博古架支撑轩檩，而非柁墩斗拱。因此，配殿的尺度（进深和高度）、构架形制等都比正殿小或低，恰好说明配殿的空间等级低于正殿。

恭城湖南会馆

恭城湖南会馆位于恭城瑶族自治县县城太和街，与周渭祠相邻，是一组三进两天井布局的院落式建筑组群。会馆始建于清同治十一年（1872年），为当时的三湘同乡会集资所建。因其结构独特、造型奇巧、雕饰丰富，花草人物繁杂，故有“湖南会馆一枝花”之美称。它是恭城“四大会馆”（广东会馆、湖南会馆、福建会馆、江西会馆）至今唯独保存完整的一座。湖南会馆具有明显的岭南古建筑特色，有较高的艺术价值和研究价值，是广西较为罕见的古建筑珍品。1993—2002年，先后维修过其门楼、戏台、会馆正厅、回廊、正殿及两边厢房。2006年，恭城湖南会馆被列为第六批全国重点文物保护单位。现今，会馆较完整地保留了原有的建筑形制，整体坐西北向东南，沿中轴线从南至北为门楼、戏台、中厅、后厅，轴线两侧是东西侧廊，以及一墙之隔的左右厢房。

门楼和戏台连成一体，临街一面是高三层的门楼，建筑平面呈“凸”字形，两侧采用镬耳式山墙。其后为戏台，不设正门，由底层开侧门出入，勾连搭式琉璃屋面，青石垒砌台基，台底浅埋水缸36口，以增强音响效果。看台前院能容纳1000余人。门楼和戏台互为前后，在梁架结构上采用“移柱造”法，以适应戏台和门楼双层使用的功能。陶塑屋脊显得玲珑且富于变化；屋顶垂脊高高翘起，在端部采用卷草装饰；檐枋梁架细致的木雕、丰富的彩饰让古戏台显得富丽堂皇。

中厅为湖南籍商人联络议事的厅堂，面阔三开间，进深三开间。前跨用鹅颈轩，以蝙蝠状花板支撑，轩梁为扁作直梁，伸出廊柱承托挑檐檩，其下用三角形鳌鱼雀替辅助支撑。挑檐部分用素平天花装饰，不露出檩条、桷板，梁下设扁作月梁的随梁枋，不伸出檐柱。中跨进深十三步架，用瓜柱插梁式木构架，其中梁

恭城湖南会馆门楼

为圆作直梁，通身无装饰，瓜柱为上细下粗的葫芦形瓜柱，但梁和瓜都相对较细，且檩下有随脊枋、随檩枋，三架梁上有蝙蝠状大花板式梁枕木承托脊檩及其左右两根檩条，这些都是湘赣式建筑的木构架特色。后跨进深两步架，因用素平天花，遮蔽了其上的内部构架。中厅山墙为跌落两次的五山式马头墙，马头墙以“人”字小青瓦瓦顶收束，以卷草纹灰脊压顶。卷草纹高高翘起，就如中国书法中的勾挑，潇洒而利落。马头墙端头翘起的卷草前端都有一只可爱小兽雕塑，好像淘气地在墙端上蹿下跳。翘起的卷草与水平的叠涩砖之间，形成了一个三角形的端面，这就是“马头”。三角形马头上以卷草装饰双坡屋顶，马头面上则用泥水彩绘装饰。此外，马头墙的墀头部分有灰塑装饰，檐下呈条状，铺满黑地白纹的黑白墙头画。中厅正脊也非常有地域性特点，中间是三幅灰塑浮雕，两侧是高起的夔龙纹，夔龙在两侧化成吞脊兽咬住正脊，展现了趣味性的一面。

后厅是供奉禹王等神的殿堂，面阔三开间，进深三开间。前廊无轩棚，用“瑞狮咬剑”花板式木构架，有辟邪之寓意。前廊大梁为桂北湘赣式建筑里常用的扁作拼栿月梁，东侧月梁主体部分雕刻卷轴形画幅，画幅中雕刻锦鸡和鲜花，寓意“锦上添花”，月梁伸出檐柱部分则雕刻道家八宝中的宝剑和渔鼓；西侧月梁主体部分亦雕刻卷轴形画幅，画幅中雕刻凤凰和牡丹，寓意“花开富贵”，月梁伸出檐柱部分则雕刻了拂尘和佛家八宝中的宝瓶。中跨进深八步架，用插梁式木构架，各架梁头都雕刻回纹。三架梁上是大三角形蝙蝠梁枕木，承托三花檩，脊檩下设随

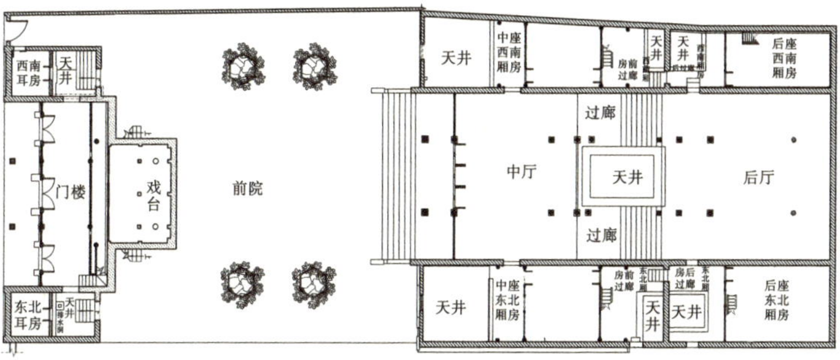

恭城湖南会馆平面示意图

脊枋穿过梁枕木，各檩条下都有随檩枋，增加了梁架的拉牵作用。此外，中跨各层梁间置成对的瑞狮、蝙蝠等小圆雕，减小梁的跨度，并具有一定的装饰效果。后跨进深四步架，用桂北汉族穿斗式木构架，瓜柱做成方形，坐在扁枋上。

左侧厢房为义所，右侧厢房为护馆人员食宿之所。东西连廊位于中厅与后厅之间天井的东西两侧，面阔、进深均为一开间，是联系中厅和后厅的主要通道，两廊均为小青瓦单坡屋面的悬山顶建筑。

总之，恭城湖南会馆布局合理、装修华丽、雕刻精美，其中湘赣风格与广府风格杂糅的做法，更是展现了明清时期各地商人齐聚恭城，互通有无，共同推动湖南、广西、广东贸易发展的历史景象。

雕梁画栋的亭台楼阁

广西历史上曾出现很多不同功能的亭子，但遗存至今的古亭数量已不多，主要包括碑亭、路亭（桥亭）、功德亭、神亭、侗族凉亭等几种类型。“台”在此指戏台，遗存至今的广西少数民族戏台多为侗族戏台，同鼓楼、广场一起构成侗族村寨的公共活动空间。

广西现存的古楼以侗族鼓楼为主，“有寨必有楼，有楼必有寨”是对侗族村寨与侗族鼓楼关系十分贴切的形容。鼓楼不仅是侗族村寨最为明显的标志，更承载了侗族的世界观、审美观、科技水平等多方面的内容。广西遗存至今、保持原状较好的阁很少，但在很少的遗存中却不乏精品。

广西现存的古塔中，明清时期建的风水塔占到数量的 80% 以上，其中近大半为楼阁式塔，而明代的古塔中宗教塔和风水塔各占一半。

合浦东坡亭

顾名思义，此亭为纪念苏东坡而建。苏东坡 62 岁时，从广东惠州被贬到海南岛，3 年后被召回合浦，受廉州名士邓拟热情接待，安排其在风景秀丽的清乐轩居住，虽只住了两个月，却写下了《廉州龙眼质味殊绝可敌荔支》《雨夜宿净行院》等诗篇和《记合浦老人语》等札记，给当地文化艺术留下深刻影响。苏东坡在离开合浦后第二年病逝，后人为了纪念他，在合浦县廉州镇的清乐轩故址修建起一座亭子，命名为“东坡亭”。

东坡亭正面

东坡亭侧面

东坡亭始建于清乾隆四十一年（1776 年），现亭为 1944 年重修，坐北朝南，是歇山顶二进亭阁式砖木结构建筑。第一进为别亭，两侧有两大圆门相拱，给人开阳洞透的感觉，使这间规模不大的建筑得以在平凡中透释出几分不俗的气势。第二进为主亭，正门上方悬“东坡亭”三字大匾额，为广州六榕寺铁禅所书。亭内正面壁上嵌有苏东坡石刻像及其他诗文碑刻十余件。

阳朔东山亭

东山亭为阳朔县现存最大的古通衢凉亭，位于阳朔县福利镇夏村村委人仔山村，在东郎山麓古道上。此地历史上曾是桂林至梧州的交通要道，1926 年由阳朔东区绅商捐资而建，沿用至今。

东山亭

东山亭为两面坡硬山式凉亭，抬梁式木构架。凉亭下层为料石结构，上层为青砖结构。亭内为三合土地面。南北为马头墙式山墙，中间设宽敞的拱形门洞连接古道，两侧门洞上各嵌“东山亭”石刻一块，两门正面各嵌对联。东西两侧设两条砖柱和三个拱形窗洞，窗洞上装饰层层向外挑出的弧形灰塑窗楣，强调西洋拱券形式，有民国时期建筑的特点。墙上嵌《东山亭记》石刻一方，由阳朔县福利圩清末举人莫永成撰文，福利圩五重岩清末秀才苏焕然书写。石刻记述了这里的地貌风物及东山亭的修建经过。

恭城石头村神亭

神亭位于恭城瑶族自治县栗木镇石头村委石头自然村。现存神亭是清光绪三十一年（1905 年）重建的。恭城瑶族普遍崇拜盘王、婆皇，有还愿、酬神、挞鼓的固定节日，村中的酬神活动便在该神亭中进行。

石头村神亭

神亭坐北朝南，为平面正方形，边长 7.3 米。亭子三面开敞，北面设封闭青砖墙硬山顶龛室，龛室东西侧墙各开一门，内设神坛、龛位。

神亭为抬梁式木构架，重檐歇山顶。前后檐柱均用方形青石柱；中间设四根木柱，柱间以梁枋相连，梁枋中间设天花藻井。木柱、石柱都有精美的石质柱础，其中石柱柱础主体为四边形，每面图框中刻浅浮雕图文；木柱柱础为八角形莲台石柱，有很好的防雨水作用。

神亭屋顶屋面全部用小青瓦，木质浮雕封檐板。正脊中央饰宝顶和鳌鱼，两侧有小狮子，两塑龙吻吞脊。垂脊和戗脊采用飞带式，脊底化作卷草纹高高翘起。

钟山龙归庵戏台

龙归庵戏台位于钟山县两安瑶族乡莲花村，距县城约 20 千米。戏台始建于清光绪九年（1883 年），坐南朝北，其南面约 50 米处为龙归庵正殿。

戏台为三面观戏台，单层全伸出式，平面呈“凸”字形，面阔三开间，进深两开间。戏台总高约 11 米，其中台基高 1.8 米，台基至檐口高 2.65 米，约为明间宽度的 3/5，台口相对较低。后台面阔三开间，进深一开间。后台明间深约 2.4 米，次间深约 3.3 米。前后台之间的“守旧”上绘歌女手抱琵琶起舞图，上下场门上有“龙飞”“凤舞”木雕横匾。戏台为穿斗式木构架，屋顶设八角藻井，戏台四周挑檐部分都以半鹤颈式卷棚装饰。

戏台用重檐歇山顶，正脊用博古式，正脊中间为宝珠，两侧为鳌鱼，脊端以灰塑卷草形式翘起。上层正脊饰鳌鱼及宝珠，下层瓦面上饰“二龙戏珠”。比较特别的是，在第一层屋顶的围脊也采用了类似正脊的装饰，上饰灰塑双龙。

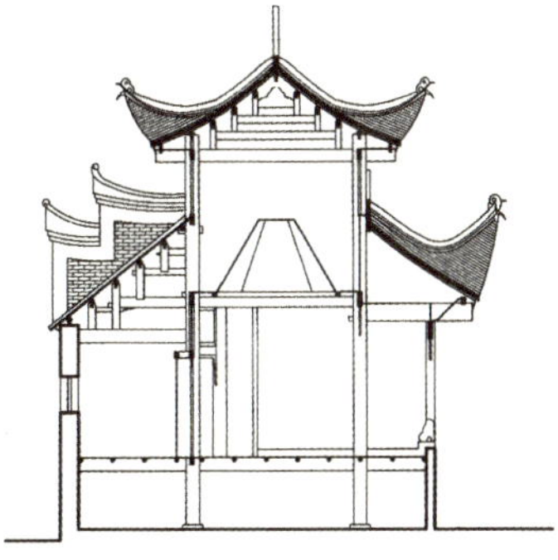

龙归庵戏台剖面示意图

昭平黄姚戏台

宝珠观位于昭平县黄姚镇西北的入口附近，原为小庙，在明万历年间由当地壮族人扩建。清乾隆年间，壮、汉两族人民修好，合建宝珠观，定农历三月初三举行庙会。其后清嘉庆、道光、光绪年间及民国初年大修。整座建筑由大殿、门厅、厢房、天井、回廊、戏台、广场等组成。

戏台位于庙外，坐东朝西，为三面观戏台，单层全伸出式，平面呈“凸”字形。面阔三开间，进深两开间。戏台总高约 8 米，其中台基高 1.64 米，台基至立面檐口高 3.56 米，约为明间宽度的 7/10。戏台前台地面铺设火砖，台面铺设木板，与地面架空，形成共鸣台腔。旧时台底四角还放置大水缸，以增强共鸣效果，故每当台上敲锣打鼓时，在 10 千米外的高地仍可听到响声。后台面阔三开间，进深一开间，但在次间设小前廊安置乐队。后台用硬山顶，垂脊采用大式飞带垂脊，博风原为黑地白纹样，现已毁。后台侧开拱门，设木梯上戏台，后墙则开一大两小三个镂空砖雕花窗。

戏台为插梁式木构架，屋顶正中设简易木板天花，天花板上绘彩蝙蝠、花草、蝴蝶等图案。戏台四周挑檐部分不做轩棚或天花，将挑檐部分的梁架完全暴露出来。戏台为单檐歇山顶，翼角平缓，有广府式亭阁的特点。屋顶正脊为博古脊，脊身由博古头、花窗、小品几个部分构成，小品三幅，皆为花鸟彩塑。此外，屋脊上还饰以绿色宝珠、琉璃狮子及鲤鱼等灰塑，十分精美。

黄姚戏台外观

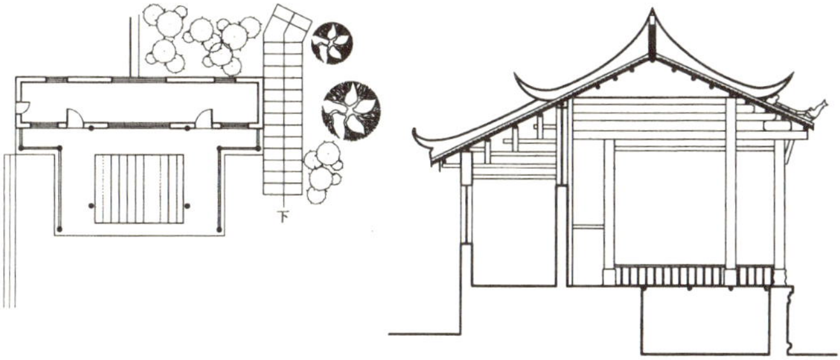

黄姚戏台平面及剖面示意图

三江八协寨戏台

三江侗族自治县独峒镇八协寨戏台也称“庆云台”，是侗族单檐歇山顶、集中式戏台，坐东朝西，与寨子里的鼓楼相对，是村民们集体表演耶歌的舞台。

该戏台为一面观镜框式戏台，平面呈矩形。戏台面阔一开间，进深三开间。戏台为干栏式建筑，极好地适应了陡峭不平的地形。戏台前台基面离地 1.9 米，台基面至立面檐口高 4.5 米，约为明间宽度的 3/4，台口较高，适合群体表演。

前台内设天花，天花四周做鹤颈式半卷棚，与天花一起形成覆盆状屋顶，天花上绘有孙悟空、仙女、麒麟等天界情景，有很好的装饰效果。此外，还利用卷棚之下的木板进行彩绘装饰。前檐柱外侧设长吊瓜柱，与外檐柱形成“八”字镜框。为了使戏台立面更吸引眼球，外檐柱上端设下山虎圆雕，戏台前沿有棱格纹，台下也设极具侗族特色的直楞窗。

后台也为单檐歇山顶，面阔四开间。其中，明间进深 1.5 米（在后金柱上用木板分隔前台、后台），次间进深 5.5 米。两次间的檐柱外侧添长吊瓜柱，形成向外撇的小前廊，形制与戏台一致。次间的墙板彩绘与戏台背景墙相似，有一定的统一性。次间的挑枋向前伸出，其上有圆雕木猴子，恰好位于雕虎之下，很有民族意趣。

八协寨戏台

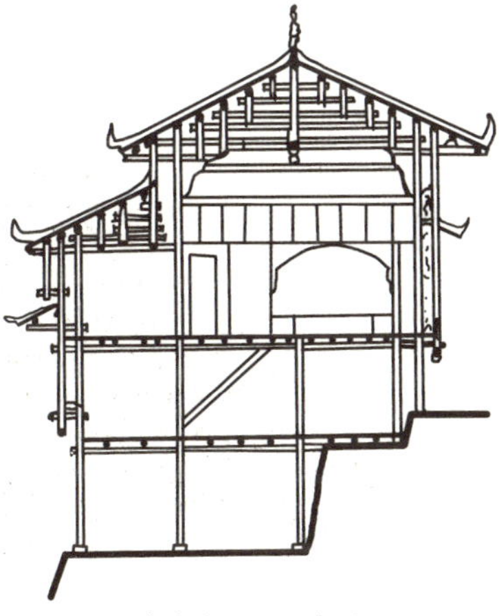

八协寨戏台剖面示意图

三江马胖鼓楼

马胖鼓楼位于三江侗族自治县八江乡马胖村，距县城 26 千米。该楼始建于 1928 年，后经多次寨火损毁，现存鼓楼为 1943 年重建，为广西唯一被列为全国文物保护单位的鼓楼。该鼓楼高约 20 米，长、宽各约 11 米，为四边形鼓楼。该鼓楼主柱 4 根，每根长 13 米、腰围近 2 米，外加近千条边柱、挂柱、穿枋、抬梁横穿直套构成整体框架。楼体呈宝塔形，楼盖为歇山式，楼身总共有 9 层。楼檐逐层内收，由梁枋和金瓜柱支撑，并挑出层层重檐，每层均有飞檐翘角，白色封檐板上还绘有花草鱼鸟图案；楼身四周镶有木板、栏杆，正中砌有可供冬天集会时取暖的火塘，周围设有长条木凳、平台，供休息、娱乐时使用。

马胖鼓楼正立面

南宁魁星楼

南宁市江南区江西镇扬美村魁星楼坐落于扬美村东北面，始建于清乾隆元年（1736 年），于道光二十年（1840 年）重建，楼高 15.3 米，进深 11.66 米。魁星楼高三层，其第一层、第二层为硬山建筑，第三层为单檐歇山顶小阁。魁星楼第一层金柱与檐柱皆用通柱造，升至第二层，在此层形成“回”字形空间。金柱间设大梁承托第三层木地板及单檐歇山顶的木构架，歇山顶采用悬山加披檐的做法。阁楼屋顶的装饰方式也是广府式的，其中正脊为两端起翘的船脊样式，其上设宝珠及一对鳌鱼，正脊、垂脊、戗脊脊身有漂亮的灰塑装饰，使体量不大的魁星楼显得颇为华丽。

魁星楼第一层、第二层面阔三开间，于第一层设前廊，前廊较深，导致阁内第一层光线昏暗。第二层屋顶坡度极缓，几近平顶，因此第一层、第二层类似城楼底下的城墙一般厚重、方正。第一层砖墙上端有一段式墀头砖雕，其正立面以一幅浅浮雕组图装饰。第二层正面向内凹进，开窗采光、通风。第一层、第二层山墙间以半个镬耳式山墙连接。

魁星楼第一层原供有“三界伏魔大帝神威远震天尊关圣帝君”，即关公神像。第二层称为“文昌阁”，供奉“辅元开化文昌司禄宏仁帝君”，即文昌帝君之神像。第三层上部设神龛，供奉魁星神像。

魁星楼

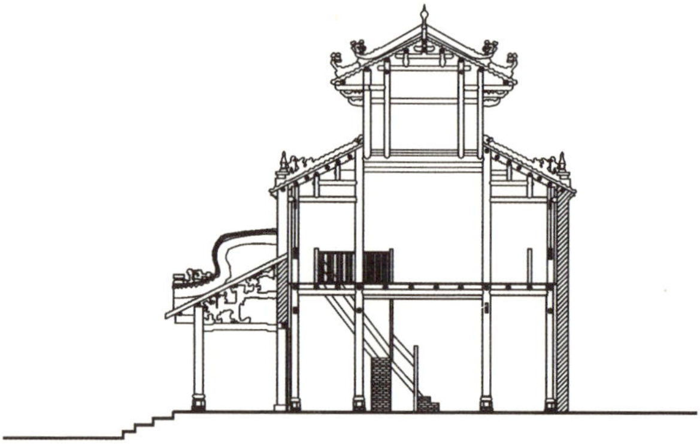

魁星楼剖面示意图

全州妙明塔

妙明塔位于全州县城西北湘山脚下，是一座始建于唐代的佛塔。据《全州县志》记述，这个塔于唐咸通二年（861 年）开始建设，乾符三年（876 年）建成，塔高五层。宋元丰四年（1081 年）重建此塔，至元祐七年（1092 年）建成七层新塔。南宋绍兴五年（1135 年），宋高宗称其“正大光明妙哉”，自此称之为“妙明塔”。现今的妙明塔就是重建于宋代的古塔。

妙明塔是佛教楼阁式塔的代表，通高 26 米，八角七层，塔身有较明显的收分。基座为青石须弥座，呈莲花状；为了保护塔基，设置副阶一圈，为塔基遮蔽风雨。塔身每层都设腰檐、平坐。妙明塔的平坐为栏杆平坐，人们可以在其间行走、站定、远眺，其平坐的出跳、支承方式是采用层层外挑的叠涩砖。平坐上是出跳深远、翼角翘起的木构合瓦琉璃剪边腰檐，丰富了整座塔的轮廓，配合挑出的平坐层上的木栏杆，使整座塔显得舒展大气。妙明塔塔顶采用攒尖顶，其上是砖基座，塔刹安插其上。塔刹高约 2 米，由半球形覆钵、刹杆、七层相轮及铜宝珠组成，用八条铁链稳固，其上挂铜铃，随风轻扬。此外，妙明塔还设有地宫，地宫下埋葬高僧舍利。

妙明塔

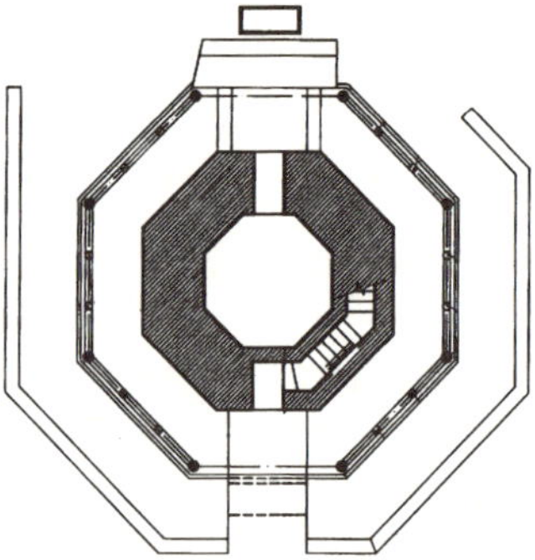

妙明塔第一层平面示意图

崇左左江斜塔

崇左左江斜塔又名“归龙塔”“镇龙塔”“水宝塔”，是国内五大斜塔之一，始建于明天启元年（1621年），由太平知府李发梅发起修建，原为三层；清康熙三十五年（1696年），由知府徐乐主持，加至五层。

左江斜塔位于崇左市东北面约5千米的左江江心鳌头山上，是国内较罕见的江心建塔个案。此塔为五层八边形，总高17.6米，塔身有明显收分，并刻意向迎水方向（西南面）倾斜4° 36′ 46″，以适应江心风力和地基等因素。

左江斜塔除塔基的基台用石砌外，塔身全部用青砖砌成，且塔壁直接从地面开始用砖砌壁体，不加基座。此塔的壁体较厚，塔壁内设塔梯逆时针曲折向上，塔梯可容两人上下。该塔底层南面和西面各设一拱门，东面上方开一拱形窗；从第二层起，每层开两个拱形窗洞。塔心为空筒形，以木质地板分隔各层，各层通过塔壁内的楼梯到达。

塔身无平坐层，仅在各层间设五皮砖叠涩腰檐，其转角处砌成圆形棱柱，棱柱头置素华拱出跳，有一定装饰作用。塔顶为八角攒尖顶，其翘起的垂脊用铁制作，垂脊外端各有铜铃一个，随风摇曳。攒尖顶上设叠涩砖基座，其上是高约1.2米的塔刹。塔刹由铜铸近球形覆钵体、一层铜相轮和铜宝珠组成，这些铜铸构件由塔顶层蚬木构架支承。

● 左江斜塔

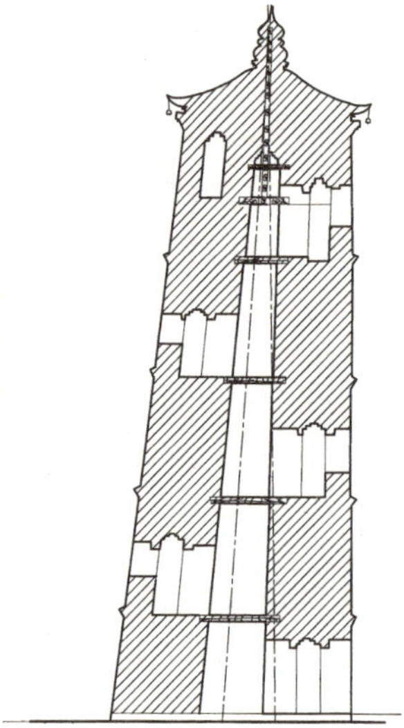

● 左江斜塔剖面示意图

桂平东塔

东塔位于距桂平市城东4千米的浔江南岸，是收分较大、形如笔的文峰塔。东塔始建于明万历年间，由当地知县刘万安发起修建，但建造到第二层时知县突然离世，建塔工程就此搁置。今天所见的东塔，是在明崇祯年间，由御史李仲熊和桂平知府葛元正主持完成修建的。

桂平东塔为九层八边形楼阁式风水塔，高约50米，是广西现存最高的古塔。东塔塔基基座以砖砌筑，无任何雕刻装饰。塔身采用空筒式与穿壁绕平坐相结合的结构，由于采用两种不同的结构方式，东塔各面各层所开门窗洞口数目均不相同。

从外观而言，东塔每层都设腰檐和平坐，每层塔身的转角处都设漆成红色的薄壁柱，与白墙相对照，与红色挑檐砖及塔门相对应，将整座塔勾勒得简洁而明朗。东塔的塔顶上设覆钵型砖基座，基座上端表面饰红色莲瓣纹，基座上是铜质覆莲所承托的铜葫芦宝刹。

整体而言，桂平东塔高挑秀丽、比例严谨、色调简明，显示出明代风水塔的特色。

桂平东塔

桂林木龙洞石塔

木龙洞石塔位于桂林市叠彩山旁，是一座喇嘛式的石塔，建于何时已不可考，按其形制，最迟不会晚于明代。该塔立于一块天然的蛤蟆石上，由塔基、瓶身、相轮、宝盖和塔刹五个部分组成。塔基高 1.4 米，直径 1.35 米，由三个鼓形石座垒叠而成，石座上雕刻蝉翼纹和仰覆莲花纹；瓶身高 1.25 米，四面皆凿拱形浅龛，其内雕刻慈祥佛、菩萨像；无塔脖子，高 1.23 米的十三重相轮直接落在瓶身上；宝盖高 0.49 米，为六角形攒尖顶，攒尖顶的翼角微微向上翘起，边缘有六个小孔，应是古时悬挂流苏铎之处；宝盖之上的塔刹高 0.43 米，为葫芦形。塔总体显得小巧而古拙。

木龙洞石塔

桂林万寿寺舍利塔

万寿寺舍利塔位于桂林市象山区民主路，是喇嘛塔式的过街塔，被罗哲文先生誉为中国最美的过街塔。万寿寺是桂林最早的一座佛寺。据记载，桂林早在隋朝时始建有寺院，名缘化寺。唐代时改名为善兴寺、开元寺。万寿寺舍利塔就建于唐代，但却非今日的喇嘛塔形，而是一座 7 层砖塔，塔内藏有贮存舍利的石函，铭刻记载了建塔时间及葬佛舍利的盛况。后因年久而全部崩塌。至明洪武十八年（1385 年）重修宝塔，改作现在的喇嘛塔式过街塔的形式。

万寿寺舍利塔通高 12.83 米，是在南北对开拱券门的高台基上设一座喇嘛塔，人可在门洞内通行。台基高 6.93 米，四面正中辟门，拱门上都有门额（南面台座刻有“舍利宝塔”匾额，其余三门分别刻有汉、梵、藏三种文字的“南无阿弥陀佛”字样），门额两侧刻八大金刚名号。台基上的喇嘛塔由塔基、瓶身、塔脖子、相轮、塔刹几个部分组成，塔基为八边形，每边有一佛龛，内供佛像，上置圆形莲座三层；瓶身四面设供佛的圭形佛龛，其中南面佛龛中藏有舍利石函；瓶身上是下大上小的圆柱形塔脖子，其上相轮五层，再上以葫芦形宝刹结束。

● 万寿寺舍利塔

● 万寿寺舍利塔剖面示意图

形式多样的其他建筑

其他建筑主要介绍桥和牌坊。

广西地质结构复杂多样，是我国石灰岩分布最广、面积最大的地区之一，山谷河涧众多，广西各族人民充分发挥自己的智慧，搭建出不同类型、不同结构的桥梁以适应丰富的地形地貌。广泛分布在广西各地的桥梁是广西各族人民聪明才智和精湛技艺的真实写照。广西的古桥多种多样，有浮桥、平板桥、飞桥、风雨桥（廊桥）、索桥、跳敦子等，尤以风雨桥著称。

牌坊是一种门洞式的纪念性建筑物，一般用木、砖、石等材料建成，上刻题字，旧时多建于庙宇、陵墓、祠堂、衙署和园林前或街道路口，在建筑上起到组织空间、点缀景观的作用。其上文字多为宣传封建礼教、标榜功德的内容。本书将门楼归入牌坊类建筑。广西目前存留的门楼建筑大多在桂北及受汉族文化影响较深远的地区，多为宗祠祭祀建筑的门楼，采用非冲天式牌楼形式，以木结构为主。牌坊则分布较散，在桂北、桂西南等地都有，大多采用非冲天式牌坊形式，以石结构为主，常见的是壁式坊，无进深，相当于照壁的一堵墙厚。目前存留下来的牌坊类型以贞节牌坊居多，其次是忠孝牌坊。

三江程阳风雨桥

程阳风雨桥又叫“永济桥”“盘龙桥”，位于柳州市三江侗族自治县古宜镇北面20千米处，是广西众多具有侗族韵味的风雨桥中最著名的一座。

程阳风雨桥横跨林溪河，始建于1912年，1924年建成，为石墩木结构楼阁式建筑，二台三墩四孔，桥长64.4米，宽3.4米，高10.6米。墩台上建有5座塔式桥亭和19间桥廊，亭廊相连，浑然一体，十分雄伟壮观。桥面架杉木，铺木板。桥中5座塔式桥亭，飞檐高翘，犹如飞鸟展翼。桥的壁柱、瓦檐雕花刻画，显得富丽堂皇。

程阳风雨桥的桥墩宽2.5米，长8.2米，全部用巨大青石砌成，内填料石。每个桥墩平面两端呈69° 40′锐角，即桥墩平面为扁六边形，以减轻河水对桥的冲力。桥墩间相距17.3米。据测定，直径为40厘米的杉木适宜10米左右的跨距，为减小桥面梁的跨度，在桥墩顶设双向伸臂式结构支承木桥梁层叠出跳，每层向两边挑出约2米的距离，然后把另外两排每排4根用木榫连成一体的杉木架于两个桥墩之间，承受桥梁的主荷载，以此减小桥面梁的跨度，增加桥面梁的抗弯强度。此外，为增加风雨桥的稳定性，在桥的上部建造了5座精美的桥亭。桥亭除能蔽日遮雨

程阳风雨桥

外，还起着重力平衡的作用。

程阳风雨桥的桥亭为混合式，中间 3 座为鼓楼式的攒尖顶，两侧为歇山顶。这 5 座桥亭由长廊连成统一的整体。桥廊两侧有栏杆和通长格栅窗，并设长凳供行人驻足休息、欣赏风景。

程阳风雨桥架设在村寨下方的溪河之上，既作交通之用，又有宗教方面的含义，它象征飞龙绕寨，以保年年风调雨顺、五谷丰登、吉祥幸福，故人们称之“风雨桥”“回龙桥”“永济桥”“赐福桥”……

三江岜团桥

岜团桥位于三江侗族自治县独峒镇岜团村的孟江河上，是三江侗族自治县现存最老的风雨桥，清光绪二十二年（1896 年）始建，宣统二年（1910 年）建成，长 50.2 米，二台一墩三亭。岜团桥的桥基部分有 2 个桥台、1 个桥墩，桥台间隔 30.4 米。桥台和桥墩都是以凿制规整的青石砌筑，桥台是青石护坡，而桥墩则是以青石砌成六棱柱体石墩立于河道上，内部以料石填满充实。

● 岜团桥

岜团桥是侗族风雨桥中唯一一座高低有致、人畜分道的廊桥。畜行道宽 1.4 米，高 1.9 米，在由牌楼入口进桥的左侧；人行道宽 3.9 米，高 2.4 米。台墩上的桥面部分是木质结构的桥跨和廊屋。

为保证风雨桥的稳定及遮阳避雨的需要，岜团桥在桥台和桥墩上分别建了一个歇山顶桥亭，使桥身的重力压在台墩的托架上，通过廊亭的加覆使桥身更坚固，同时也使桥的轮廓更丰富，更具观赏性。岜团桥入口的处理也别致而实用，为了适应地形，其入口顺应山间小道与桥轴成 80° 角，并设置了悬山顶入口门廊。

富川回澜风雨桥、青龙风雨桥

回澜、青龙两座风雨桥位于富川瑶族自治县朝东镇油沐村的黄沙河上，当地瑶族人称之为“凉桥”。回澜风雨桥年代久远，建造时间比三江程阳风雨桥早300多年。回澜、青龙两座风雨桥皆为石砌、券孔、砖墙、木结构，以石券桥、桥亭和楼阁三者组合而成，是集我国北方的石券桥、南方的亭阁于一体的杰作。

回澜、青龙风雨桥差异不大，主要区别在圆拱数量和桥亭的做法上。两桥下部的墩台均采用外部条形方块青石饰面、内填料石的做法，其中回澜风雨桥下部为半圆形三孔石拱结构，青龙风雨桥为半圆形单孔石拱结构。两桥上部主体均为穿斗式木架构，

● 回澜风雨桥

木料为水杉木，长廊式通道两侧均建造护栏和木质长凳，桥面以大块条形青石铺地。廊桥一端为桥亭，另一端为马头山墙，桥廊中间亦设一悬山桥亭，但桥亭形制略有差别。

回澜风雨桥为半圆形三孔桥，全桥长 37.4 米，宽 4.64 米，下部石砌部分高 4 米。桥廊为 11 间，桥头一端为马头山墙，通高 6.3 米；另一端为重檐歇山顶桥亭，通高 11 米，桥廊中间设单檐歇山顶桥亭，跨度三开间，通高 7.3 米。无论是桥头还是桥廊中间的歇山顶桥亭，均采用悬山加披檐的构造方式。

青龙风雨桥被称为回澜风雨桥的姊妹桥，全桥长 35.3 米，宽 4.9 米，下部石砌部分高 5.1 米。桥廊为 7 间，桥头一端为马头山墙，通高 5.3 米；另一端为重檐三滴水歇山顶桥亭，通高 12.96 米，有近 100 个木质花窗。桥廊中间设两桥亭，均为单开间悬山

● 青龙风雨桥

顶，采用悬山加披檐的构造方式。其中，靠近重檐三滴水歇山顶桥亭高 4.97 米，靠近马头山墙的桥亭高 6.19 米。上部木构部分皆以水杉木为材料，但用料较回澜风雨桥略少。木构架则采用与回澜风雨桥类似的插梁式木构架，但也存在一定差异。

总体而言，回澜、青龙风雨桥为石拱木作，廊、屋、亭、阁于一体，设计具有地域特色，适应了当地多雨的气候条件，同时天际线高低错落与周围山川树木相得益彰。

平南大安桥

大安桥位于平南县大安镇北面，始建于清道光六年（1826年），是一座多跨的石梁桥，在大王庙之右，横跨新客河，是昔日大安往西江武林港口必经之道。大安桥相传是根据“易有太极，是生两仪，两仪生四象，四象生八卦”的数理来建造的，全长35米，宽3米，有7跨，除其中的一跨为10条梯形石条铺成外，其余全为9条石铺桥面，共64块，桥墩、桥梁、栏杆皆用花岗岩石料做成。大安桥有4个桥墩，其中两个采用“石排架”（石排柱）墩，是桥梁史上较早的一种轻型墩，有很高的科学研究价值；另外两个桥墩造成船形，尖头向上游，减轻了水流的冲击力。

大安桥

钟山石龙桥

石龙桥位于贺州市钟山县石龙镇，横跨石龙河南北两岸，始建于清乾隆十一年（1746 年），咸丰十年（1860 年）被毁，光绪六年（1880 年）重建。该桥全长 40 米，宽 5.2 米，高 12 米，主拱跨度 14 米，副拱跨度 7 米。桥墩迎水面有分水尖，用以减轻河水对桥体的直接冲击。整座桥全用青石拱建而成，未用灰浆联结。桥面两侧有石栏，石栏、望柱、栏板内侧均饰满浮雕图案。望柱外侧分别阴刻“龙蟠东水，石锁珠江”的大字对联。浮雕以神话传说、民间故事及戏文掌故为题材，包括“八仙过海”、“三顾茅庐”、“泮矶访贤”、“西湖借伞”、“孔明祭风”、“十八相送”、“丹凤朝阳”及花、草、鸟、兽等共 74 幅，栩栩如生。浮雕构图和谐，造型美观，形象逼真，风格古朴。

石龙桥

大化清坡石拱桥

清坡石拱桥位于大化瑶族自治县贡川乡清坡村清坡小学对面50米处的清坡河上，横跨清坡河，呈西南—东北走向。清波桥始建于明正统十一年（1446年），桥长21米，宽3.6米，为双孔石拱桥，单个桥孔跨度7.6米，高4.3米。中间桥墩厚0.6米，桥墩面向来水方向雕一龙头，桥面为石板路。此桥为明代思恩知府岑瑛所督建，全桥以料石干砌，勾缝得当，结构严谨，形态美观，代表了当时当地建桥的最高水平，具有较高的研究价值。

清坡石拱桥

宾阳宾州南桥

宾州南桥位于南宁市宾阳县城南街与三联街交会处，横跨宝水河，是当年繁华的城南重要的交通要道。宾州南桥为三拱石桥，始建于明洪武六年（1373 年），桥长 24.5 米，宽 5.2 米，高 6 米，每个拱洞跨度为 6 米。全桥用青石砌成，石灰勾缝，桥面铺垫石块，桥栏每边有 13 根石柱，14 块石板，各雕刻有一幅精美图案，如“双龙戏珠”、“双凤朝阳”、“鸳鸯戏莲”、“麒麟吐玉”、“鲤鱼跃龙门”、“猴子摘桃”和花、鸟、牛、马、鹿等。桥墩上嵌有一对雌雄螭兽石雕，图案逼真。雄兽逆水居右，与中国古代的阴阳五行学说相契合，在中国古桥中仅此一例。

宾州南桥

全州燕窝楼

燕窝楼位于桂林市全州县永岁镇石岗村东南口，为蒋氏宗祠的门楼。该村曾经建有 18 座公堂（祠堂），其中保存完好的是燕子公堂，而最具有特色的就是木质牌楼——燕窝楼。

燕窝楼坐北朝南，由牌坊和门楼两大部分组成，全木质结构，宽 11.1 米，进深 12.8 米，通高 8 米，面积为 142.4 平方米。“一”字形四柱三开间三楼，庑殿顶，采用明代独特的飞檐单翘单卯榫构筑，设上四层下三层斗拱，上宽下窄，四周无任何依托，由 324 个“弓”字形精雕细刻的木斗拱环扣紧衔而成，无一钉梢，仅凭 4 根木柱高擎。楼的上体由“弓”字形木榫环环相扣，衔接成斗拱，形如燕窝；以中间匾额为界，华拱的方向均向两侧倾斜 45°，高的平面为菱形；门楼斗拱精雕细刻，状如莲花。明楼的龙门坊下镶有一巨幅行书“科甲传芳”的镂空横匾，匾周围饰有“双狮抱绣球”、“二龙戏珠”、卷草等吉祥物浮雕。次楼上下额枋、枋垫板上有如意八宝、草龙、梅花等图案。明楼、次楼檐下饰如意斗拱。

门外两侧有对相向而笑、半蹲半立的小狮。这两只小狮是河南开封府赠送的。小狮后鼓抱石上雕刻的“马鹿含花”“双凤朝阳”等浮雕均清晰活现。门外悬有明万历年间内阁大学士叶向高书写的木刻楹联："累朝荣荫家声远，历代科名世泽长。"昂头望，只见燕窝楼上装饰的宝葫芦、鳌鱼、龙、凤、鸟、兽、花、木等，在艳阳下与彩漆精雕相映生辉，风吹楼动，似醉汉摇曳不定，令人心惊肉跳。不过，尽管风吹楼晃，它却安然无恙，数百年来，似仙阁琼楼，潇潇洒洒地立在湘桂走廊上。据传，以前一条大路从南往北从村中经过，路过的官员还未进村就自觉下马、下轿，然后步行进村，在燕窝楼前停留休息。那时候，根本不用宣传，燕窝楼就声名远扬了。

燕窝楼历经沧桑，至今仍壮观宏立。楼上的梁枋、雕刻、彩绘等工艺非常精湛，是广西发现最早的带有如意斗拱的木质牌楼，具有很高的历史、艺术和科学价值。

燕窝楼

全州白茆坞牌坊

白茆坞牌坊位于桂林市全州县枧塘镇塘福村委新白茆坞村东约500米处，是清廷为表彰该村附贡生敕文林郎甘肃秦安县知县、晋封朝议大夫甘肃补同知加级唐继祖之子，候选巡政厅丙子举人、甘肃秦安知县候补同知唐鉴钊，苍梧县学教谕儒士庠生唐锦镛等孝敬其母，于清嘉庆四年（1799年）建造的。建筑坐北向南，平面呈“一”字形，南北长2.15米，东西宽8.55米，为四柱三开间三楼式建筑，立于六块厚实的须弥座上，庄严肃穆。明间为庑殿顶，正脊饰鳌鱼、宝瓶，柱距2.5米，大额枋，明间正匾上竖刻“旨旌表”。匾下方为横额，镌刻“孝子”二字，异形拱间饰镂空花板，大小额坊面饰花卉和动物。两次间屋顶三面出檐，脊牌坊正面端饰鳌鱼，柱距1.15米，随梁枋浮雕花卉、兽图；四柱前后附抱鼓石四对，饰以八宝、麒麟、仙鹤等吉祥物浮雕，尤以额坊上的盘龙穿云破雾浮雕令人赞绝，是广西牌坊石雕中的稀世珍品。

牌坊宏伟壮观、雕刻精湛、风格儒雅，极具观赏价值，为广西牌坊中的佳构。

白茆坞牌坊

灌阳石刻牌坊

月岭村位于灌阳县文市镇南1.5千米，三面环山，背依灌江，已有700多年的历史。祖居为唐氏家族，至今一脉相传28代。

位于西面村口的“孝义可风”贞节石刻牌坊被称为“石雕艺术博物馆”，建于清道光十四至十九年（1834—1839年）。史氏丈夫早逝，笃守贞节，苦育养子，至双目失明。其养子唐景涛自幼孝事寡母，勤奋读书，中进士，官任知县。地方长老绅士感其节孝懿事奏报朝廷，清朝道光皇帝御笔亲批由唐景涛奉旨为养母史氏竖立牌坊。道光皇帝还为这座石牌坊亲书了“孝义可风，艰贞足式”八个大字。

牌坊为全石结构，四柱夹屏，石榫契合，十分精密。牌坊高10.2米，长13.6米，跨度11.5米，为四柱三开间四楼式大理石仿木结构，上为梯形，下为长方形，坊上雕刻全用整块石料镂空或浮雕而成。石牌坊顶部有4只鳌鱼，两两相对。在鳌鱼中间有座三层八角形的宝塔，宝塔每面有一个字，八面八个字拼在一起是“欲目千里，更上一层”。

牌坊主体的中间两根正方形石柱高达5.4米，柱石基座为石墩，南北两侧均有抱鼓石护柱，使高架凌空的石坊显得敦厚凝重。这座牌坊的第一层南（正）面、北（背）面均镂雕一对姿势、形象各异的“麒麟献瑞”。第二层正面石刻唐史氏节孝懿事，背面石刻唐史氏简历和县署、府署、布政使司关于竖立月岭石牌坊的呈文及清道光皇帝的批示。此层横梁镂雕似真似幻的“二龙戏珠”。第三层正面和背面分别镌刻道光皇帝手书“孝义可风，艰贞足式”八个大字。第四层四组斗拱支撑庑殿顶，两边设格窗，中间是横匾。匾的上方镂雕五条蛟龙，凌空起舞。匾中书写“皇恩旌表”四个大字，意思是皇帝开金口恩赐竖立此牌坊。匾的上部为单檐庑殿顶。檐板底部雕有重椽，正脊两端各倒立一对鳌鱼。

整座牌坊如同一个石雕艺术博物馆，无论是“二龙戏珠”“麒麟献瑞”“喜禄封侯”“喜报三元”“连升三级”，还是脚踏祥云瑞霭的“八仙”“八宝”，这些古老的题材，莫不形神兼备，惟妙惟肖，栩栩如生。

石刻牌坊

岑溪“五世衍祥”牌坊

“五世衍祥”牌坊矗立于岑溪市水汶镇南禄村莲塘坳东侧山坡上。据记事碑记载，该牌坊于清同治年间为旌表百岁人瑞刘运昌而建。

牌坊高 11 米，宽 10.2 米，厚 0.82 米，面阔三开间，是一座四柱三楼单拱砖砌结构建筑。它由双层坊身、四根坊柱和一巨型拱门构成，坊基有四组粗硕浑厚的扁葫形抱鼓礅支撑。坊身较厚，用数层大青砖错缝叠砌。坊墙涂抹三层灰浆，灰浆以石灰、纸筋和胶料混合而成，经过复杂的工艺处理，黏固性极强，十分坚实紧密。坊正中是主楼，东西两侧为次楼，均为歇山顶。檐口装饰“寿”字瓦当勾头滴水，灰裹垄瓦屋面。正脊设瓷制“寿”字底座的火焰宝珠、雕塑夔龙和琉璃鳌鱼，四周则饰琉璃瑞狮、飞檐、卷草。东西次楼均饰博古脊，中间有双凤浮雕图案，岔脊饰以卷草和灰塑鹿儿。主次楼檐枋呈弯枋形式，上下两层装饰色彩鲜明的立体彩绘莲瓣纹，十分精美。

牌坊主楼枋下镶嵌着一块字体遒劲的“奉旨旌奖”龙头浮雕竖匾，格外醒目。竖匾下方有三块呈“品”字形排列的官宦题刻，居中是梧州知府刘楚英题书的“五世衍祥”碑刻，右边是岑溪知县李荣赐的“熙朝人瑞”碑刻，左边是五品学官黄立纲的

“庆锡期颐”碑刻。众官员的褒嘉题刻，使牌坊更显气派不凡。

坊顶飞檐翼角凌空，琉璃鳌鱼、瑞狮，玲珑精致，形态各异。坊身共有大小灰塑人物 12 尊，有寿星、文官、士力、侍者等。人物飘逸洒脱，神形兼备。寓意为“福”“禄”“寿”的蝙蝠、鹿、鹤等灰塑吉祥动物，装饰于坊身各部位，上下呼应，生动欲跃，相映成趣。牌坊集灰塑、瓷塑、碑刻、彩绘于一体，美轮美奂、蕴意丰富，具有浓郁的岭南古建筑特色，极富艺术感染力和观赏价值。

● “五世衍祥”牌坊

钟山恩荣牌坊

恩荣牌坊位于钟山县燕塘镇玉坡村。玉坡村自古是一个注重教育的村庄，明清时期，这个小山村就出了10多名进士、举人。该村廖姓家族兴建这座雄伟壮观的恩荣石牌坊，以感激祖上当初激励自己发愤读书，谢其祖恩泽子孙。

牌坊宽6.2米，通高6.9米，内正横门高2.8米，宽1.7米。四柱三开间五楼庑殿顶青石牌坊，榫卯结构，柱立于石基座上，前后均有抱鼓石，中柱正面抱鼓石上镂雕石狮。明间正楼庑殿顶正脊两端饰反尾上翘鱼形鸱吻，正中为宝葫芦顶，四斗拱间为透雕花窗。横枋下正中额枋竖刻楷书“恩荣”二字，花抬枋及枋间石板枋浮雕“双龙戏珠”、“双狮戏球”、“骑马出行图”，卷草纹或铭刻文字，刻工精致。牌坊全部用条石和石板镶嵌而成，没有任何砂浆填缝。这座立于平地上、没有任何支撑物的石建筑，历经200多年风雨侵蚀，始终稳固如山，各种浮雕动物仍栩栩如生，字刻仍旧庄重清晰。

● 恩荣牌坊

附录：相关术语解释

一明两暗：指三间正房，每间由隔墙隔开，明间用作堂屋，另两间用作卧室或书房。

三间两廊：是明清广府地区曾经广泛流行的传统民居形式，三开间的主座建筑，前带两廊和天井组成三合院住宅。

干栏：指在木（竹）柱底架上建筑的高出地面的房子。其具体构筑办法是用竖立的木桩为基础，其上架设竹、木质的大小龙骨作为承托地板悬空的基座，基座上再立木柱和架横梁，构筑成框架状的墙围和屋盖，柱、梁之间或用树皮茅草或用竹条板块或用草泥填实。

山墙：沿建筑物短轴方向布置的墙叫横墙，建筑物两端的横向外的墙为山墙，主要作用是与邻居的建筑隔开和防火。

开间（面阔）：木构建筑正面两檐柱间的水平距离，各开间之和为“通面阔”。中间一间为“明间”，左右侧为“次间”，再外为“梢间”，最外的称为“尽间”，九间以上增加次间的间数。开间是量度中国建筑内部空间的标准单位。

月梁：梁高呈弧形，梁底略向上凹，梁侧常做成琴面并饰以雕刻，外观秀巧。

风水塔：一种随着中国风水学说的发展而出现的一种塔，具有障空补缺、镇水口、兴文风等的作用和寓意。

勾连搭：两栋或多栋房屋的屋面沿进深方向前后相连接，在连接处做一水平天沟向两边排水的屋面做法，其目的是扩大建筑室内的空间，常见于大型宅第及寺庙大殿等建筑中。

斗：斗栱中承重的方形木块，承托横竖两个方向的重量，上开十字卯口。

斗拱的出跳：出跳的轴线到中轴线的距离为一跳，一般前后各出一跳。

正脊：房顶中间部位与面阔平行的脊，即前后两坡交会的屋顶。

瓜柱（蜀柱、脊瓜柱）：梁柱中，两层梁间的短柱和支承脊檩的短柱。

进：指建筑组群中轴线上的院落数或天井数，岭南地区常指建筑组群建筑的座数。

步架：指相邻两檩中心线的水平投影距离，也简称“步”；宋《营造法式》称“架”，或“椽架”。根据檩的布置和数量，常将木构架划分为若干个步架。

庑殿顶：有单檐和重檐。单檐的有正中的正脊和四角的垂脊，共五脊，因此又称“五脊殿”。重檐的另有下檐围绕殿身的四条博脊和位于角部的四条角脊。

间：四柱之间的空间或两榀梁架之间的空间（一般指第二种），若两排柱子很近则其中间部分称之为“出廊”（分周围廊、前后廊、前出廊、不出廊四种）。

抬梁式：特点是柱上搁置梁头，梁头上搁置檩条，梁上再用矮柱支起较短的梁，如此层叠而上，梁的总数可达 3 ～ 5 根。当柱上采用斗拱时，则梁头搁置在斗拱上。抬梁式结构多用于宫殿和庙宇建筑中。

板瓦：覆盖屋顶用的一种大瓦，瓦面较宽，弯曲度较小。

枋：在柱子之间起联系和稳定作用的水平向的穿插构件，往往随着梁或檩而设置。

昂：斗拱中斜置的构件，起杠杆作用。

垂脊：屋脊的一种，应用在硬山、悬山、歇山式建筑的屋顶上，其脊身上端与正脊大吻 90° 相交。

金柱：建筑物的屋顶梁架以立柱支撑，立于最外一层屋檐下的柱子称“檐柱”；在檐柱往里，位于内侧的柱子称“金柱”。

戗脊：歇山顶上连接两坡厦宇的脊。

卷杀：木构件曲线轮廓的一种加工方法。

单拱：坐斗口内或跳头上只置一层拱，置二层的叫重拱。

驼峰：用在各梁架之间配合斗拱承托梁袱的构件，因其外形似骆驼之背而得名。柁墩是驼峰的变体，多为横长形的木墩，上饰雕刻。

封火墙：山墙超出屋面很多，起封火作用，样式包括马头墙、镬耳山墙、方耳山墙、“金”字山墙、“人”字山墙、猫儿山墙等。

拱：是置于坐斗内或跳头上的短横木。拱的名称依部位的不同而不同。凡是向内外出跳的拱，清式称“翘”（华拱或卷头）。

栌斗：斗拱的最下层，重量集中处最大的拱。

柱廊：有列柱的门廊。

前堂后室：建筑平面布局形式之一，指建筑的前半部分为堂屋或火塘屋，后部为卧室，在少数民族地区干栏式建筑中多见。

穿斗式：用穿枋把柱子串联起来，形成一榀榀的房架；檩头直接搁置在柱头上，在沿檩条方向，再用斗枋把柱子串联起来，由此而形成屋架。

脊檩：山柱下端立在两山台基之上，上端托着脊檩。

通进深：建筑物纵向相邻两柱中心线间的距离称为“进深”；各间进深的总和，即前后檐柱中心线间的距离，为通进深。

雀替：位于梁枋下与柱相交处连接体之间的短木，可减少梁枋净跨，具有增加挤压面、减小净距的效果，在艺术上起过渡的作用。

悬山顶：两坡顶的一种，特点是屋檐两端悬伸在山墙之外，又称“挑山”或“出山”。

梁枕木：置于三架梁上，用以承托随脊枋和脊檩的构件，因随脊枋俗称“大梁”，故称为“梁枕木”。

随梁枋：最长的梁下的枋，起稳固梁的作用，是个联系构件。

随檩枋 / 随脊枋：随檩枋是指在檩条的正下方隔一小段距离处再设一根檩条的做法，其截面大多为长方形或圆形。脊檩下的随檩枋称为“随脊枋”。

插梁式：这种木构架兼具穿斗与抬梁的特点——均以柱子或瓜柱承托檩条，具有穿斗的特点，但同时梁也作为承重构件，表现出抬梁的特征，并插入落地柱，因此谓之“插梁式”木构架。

硬山顶：是两坡顶的一种，屋面不悬出山墙之外。

硬山搁檩：没有梁架和柱子，檩条直接架搁在山墙和各间横隔墙上，属于墙壁承重的一种结构方式。

筒瓦：覆盖屋顶的陶质建筑材料。呈半筒形，前端有凹凸的瓦舌。个别的筒瓦有瓦钉孔，其表面常饰较粗的绳纹。

椽：垂直搁置在檩上，直接承受屋面荷载的构件。

歇山顶：由两坡顶加周围廊形成的屋面式样，它由正脊、四条垂脊、四条戗脊组成，故称“九脊殿”，有单檐歇山顶和重檐歇山顶两种。

罩：用于室内，用硬木浮雕或透雕成图案，在室内起隔断作用和装饰作用。

槅扇：用以隔断，带槅扇的门可作建筑的外门，槅扇由边梃和抹头组成，大致划分为花心（槅心）和裙版两部分。花心是透光通气的部分，用细木棂子，裙版雕刻图案文字等。

墀头：山墙的侧面在连檐与拔檐砖之间嵌放一块雕刻花纹或人物的戗脊砖。

影壁（照壁）：正对着大门作屏障及装饰的墙壁，有的座下有座子，可以移动，上面像屋脊。

檐柱：低于建筑物最外一周，用以支承屋檐的一排柱子。

檩条：直接承受屋面荷载的构件。

藻井：高级的天花，一般用在殿堂明间的正中，多用在宫殿、寺庙中的宝座、佛坛上方最重要的部位。

后　记

大众对广西古建筑的了解多集中在少数民族干栏式建筑上，对广西的汉族民居和寺、庙、楼、塔等古建筑知之甚少。因此，本书将广西古建筑分为民居宗祠、寺观祠庙、书院会馆、亭台楼阁和其他建筑等类型，按类介绍被列入国家级或自治区级文物保护单位名录的广西优秀古建筑遗产。在建筑案例的遴选中，我们既考虑其历史、艺术、科学价值，同时也考虑民族、地域等元素，希望在给读者描绘出广西古建筑的整体轮廓的同时，也能让读者全方位领略广西不同民族、不同民系、不同地域、不同时间段古建筑的多彩风貌。

本书编撰工作分工如下：前言、“蕴藉隽永的书院会馆”、后记由谢小英撰写；“丰富多彩的民居宗祠”由韦浥春撰写；“端雅肃穆的寺观祠庙”中的佛教建筑、道教建筑相关内容由韦玉姣撰写，坛庙建筑相关内容由谢小英撰写；“雕梁画栋的亭台楼阁”“形式多样的其他建筑”由熊伟撰写。

本书部分成果受“广西湘江—漓江—桂江流域传统建筑大木构架及谱系研究”（项目号：51668004）、“桂北山区干栏聚落及民居的当代演变及其适应性更新策略研究”（项目号：51668003）和“广西近代庄园建筑形态与演变研究”（项目号：桂科 AD20159029）等国家自然科学基金、广西科技计划项目的资助。

本书是广西庆祝中国共产党成立100周年重点文化建设项目“文化广西”丛书中的一册，是以基层大众为读者对象写就的广西古建筑科普版。在今天这样一个网络资讯发达，文字、视频信息随手可查的时代，基层大众对古建筑的认知水平已达到什么程度，对古建筑的介绍要达到怎样的深度，一直是萦绕在我们作者心间的问题。我们认为，今天的大众读者对古建筑的认知已远超前代，因此我们在坚持普及化、大众化要求的同时，亦保持了必要的专业性和深入度，希望能给读者提供更多的在网络上查阅不到的专业信息，带领大家读懂广西古建筑的历史价值、艺术价值、科学价值和社会价值。

此外，本书部分图片由《广西民族传统建筑实录》编委会和梁勇、凌彩庆、杨明科、谭春芬、欧斌等个人提供，在此表示衷心的感谢。受限于作者水平，书中疏漏之处难免，还望读者朋友见谅并不吝赐教。

谢小英

2021 年 6 月